Paris

in 160 Bildern

HACHETTE

Direktor
Adélaïde Barbey

Photos : Peter Tebbitt © Hachette Guides bleus à l'exception de : p. 43 (2), Jacques Matteï/Opéra de Paris; p. 54 (10), Collection et cliché du musèe national des Techniques-CNAM Paris; p. 70 (8-9). Jim Purcell/Etablissement public du musée d'Orsay; p. 80, Olivier Garros/musée Picasso;_p. 109, Marie-Laure Varin; p. 110-111, Établissement public du parc de la Villette; p. 113 (3), Établissement public du Grand Louvre; p. 114 (5), Cristina Anastasiu; p.115, Etablissement public du parc de la Villette; p. 126 (6), service audiovisuel de la mairie de Saint-Denis; p. 126 (4), musée d'Art et d'Histoire de la ville de Saint-Denis.

Redaktion
Didier Sénécal

Aufführung
Marie-Laure Varin
Françoise Vibert-Guigue

Gestaltung
J. M. H.

Übersetzung
Susanne Range

© Hachette-Guides bleus 1986
Alle Rechte der Überssetzung und photomechanichen Wiedergabe, auch einzelner Teile, liegen beim Verlag.

NÜTZLICHE HIMWEISE

Informationen
Amtliches Französisches Reisebüro, 127, Avenue des Champs-Elysées (8e), Tel. 47.23.61.72. Auskünfte in englischer Sprache: Tel. 47.20.88.98. Öffnungszeiten während der Hauptsaison täglich von 9h–22h (sonntags von 9h–20h). Öffnungszeiten während der Nebensaison täglich von 9h–20h (sonntags von 9h–18h). Weitere Fremdenverkehrzentren in den Bahnhöfen.
Städtisches Touristikbüro, 1, Rue Pierre-Lescot (1e), Tel. 42.33.75.54 (automatischer Anrufbeantworter). Öffnungszeiten täglich außer Sonntag von 10h–20h. Auskünfte über alle kulturellen Veranstaltungen in Paris.
Paris Info-Museen, Tel. 42.78.73.81

Veranstaltungen
Die wöchentlich erscheinenden Veranstaltungskalender: "Une Semaine de Paris", "Pariscope", "L'Officiel des Spectacles" und "7 à paris" sind ab Mittwoch an allen Zeitungskiosken erhältlich.

Besichtigungen
Die Museen verweigern generell eine halbe Stunde vor Schließung den Eintritt. Die Nationalmuseen sind dienstags geschlossen. Die Kirchen schließen zwischen 12h–14h. Ein Besuch sollte während der Gottesdienste vermieden werden.

Besichtigungsfahrten
Mit Bussen: "Cityrama", 4 pl. des Pyramides (1e) Tel. 42.60.30.14; "Paris-Vision", 214 Rue de Rivoli (1e) Tel. 42.60.31.25.
Mit Schiffen: "Bateaux-Mouches", Pont d'Alma, am rechten Ufer; "Vedettes Paris-Tour-Eiffel", Pont d'Iena, am linken Ufer; "Vedettes du Pont-Neuf", Square du Vert-Galant; "La Patache", auch "Eautobus" genannt, bietet seinen Passagieren einen vollkommenen Szenenwechsel. Man fährt auf Kanälen in die nostalgische Umgebung des "Hôtel du Nord" bis zum "Quai de Loire" im XIX. Arrondisement (Tel. 48.74.75.30; — Quiztour); "Canauxrama", am Bassin de la Villette (Metro: Jean Jaurès); der Qurq-Kanal von Paris bis Meaux, Anmeldung von 9h–13h, Tel. 46.24.86.16.

Postämter
Hauptpostamt, 52, Rue du Louvre, 24 Stunden geöffnet.

Metro
Die Pläne der städtischen Untergrundbahn, des S-Bahnnetzes (RER), sowie des Busnetzes hängen in allen Stationen aus. Die Züge verkehren zwischen 5h30 und 0h45.

Touristik-Fahrkarten
Sie erlauben während einer festgelegten Periode (2, 4 oder 7 Tage) den unbegrenzten Gebrauch aller R.A.T.P.-Linien (Metro, R.E.R., Busse). Sie sind in 50 Metrostationen und in allen Pariser Bahnhöfen, sowie im Verkehrsamt erhältlich.

Taxis
Nur einige Telefonnummern: Tel. 47.39.33.33. oder 42.03.99.99 oder 42.05.77.77. oder 42.70.41.41.

Kaufhäuser
Von Montag bis Sonnabend von 9h30-18h30 geöffnet. "Bazar de l'Hôtel de Ville", 52, Rue de Rivoli (4e); "Bon Marché", 38, Rue de Sèvres (7e); "Galeries Lafayette", 40, Bd. Haussmann (9e); "Printemps", 64, Bd. Haussmann (9e); "Samaritaine", 19, Rue de la Monnaie (1e); "Trois Quartier", Bd. de la Madeleine, gegenüber der "Madeleine" (1e)

Inhalt

Die Geschichte von Paris 4
Entlang der Seine 6
Notre-Dame und die Inseln 12
Der Louvre und der Jardin des Tuileries 22
Der Place de la Concorde, l'Arc de Triomphe,
   die Champs-Eysèes 32
Das Palais-Royal und die Opéra 40
Das Markthallen-Viertel 48
Der Eiffelturm und seine Umgebung 56
Les Invalides und Saint-Germain-des-Prés 64
Das Marais 74
Der Jardin des Plantes und Montparnasse 82
Das Quartier Latin 88
Montmartre und Pigalle 98
Die Gärten von Paris 104
Das Paris von morgen 110
Versailles 116
Die Basilika Saint-Denis, Vincennes
   und Fontainebleau 122
Inhaltsverzeichnis 127

Die Geschichte von Paris

DIE URSPRÜNGE

200 000 v. Chr. Im Seine-Tal bearbeiten Menschen bereits Steine. Sie sind letztlich die Schöpfer der ersten Werkzeuge wie Stichel und Schaber.

250 v. Chr. Der aus Germanien kommende, keltische Stamm der Parisii siedelt sich auf einer der Seine-Inseln an, die ihm Schutz vor seinen streitlustigen Nachbarn gewährt. Auf dieser Insel, die später den Namen "Ile de la Cité" tragen sollte, liegt die Geburtsstunde Lutetias.

52 v. Chr. Nach der Niederlage von Vercingétorix, dem sich 8000 Parisii im Kampf gegen Julius Cäsar angeschlossen hatten, wird Lutetia eine Stadt des Römischen Reiches; eine neue Siedlung entsteht am linken Ufer, wovon heute noch die Arena und die Thermen im "Musée de Cluny" (Cluny-Museum) Zeugnis ablegen. Der Handel blüht dank der Zunft der Flußschiffer; Grund auch, warum noch heute deren Schiff im Pariser Stadtwappen prangt.

258 Trotz aller Verfolgungen gewinnt das Christentum an Ausdehnung Der Heilige

Dionysius, der erste Bischof von Lutetia, wird auf dem Montmartre-Hügel enthauptet. Die Legende will, daß er sich, den Kopf unter dem Arm, dann bis zu der Stelle begab, wo heute die nach ihm benannte Basilika steht.

307 Lutetia wird in Paris umbenannt.

451 Die Barbaren fallen in Frankreich ein. Attilas Hunnen, die Gefürchtesten unter allen, belagern die "Ile de la Cité". Und schon einmal sollten die Pariser, zehn Jahrhunderte vor der Heiligen Johanna, durch die Gebete einer Frau, der Heiligen Genoveva gerettet werden.

DAS MITTELALTER

508 Der Gallierfürst Chlodwig wählt Paris zur Residenz seines Reiches, die somit die politische Landeshauptstadt wurde.

639 König Dagobert wird als erster König in der Basilika Saint Denis beigesetzt; mehr als 50 seiner Nachfolger sollten ihm Gesellschaft leisten.

800 Karl der Große (Charlemagne) verschmäht Paris und wählt Rom und Aachen zu Hauptstädten seines Kaiserreiches.

845 Die Pariser machen erneut Bekanntschaft mit Eindringlingen; die Wikinger segeln mit Schiffen die Seine hinauf. Im Jahre 856 und 861 kommen sie wieder und belagern die Stadt von 885 bis 886. Doch die Pariser werden wieder gerettet; sie müssen aber das linke Ufer räumen und sich auf die Insel zurückziehen.

987 Unter Hugo Capet wird Paris wieder zur Hauptstadt und beginnt, sich nun allmählich auf beiden Seine-Ufern auszubreiten.

1137 Um das leibliche Wohl séiner Untertanen besorgt, läßt Ludwig der Dicke (Ludwig VI.) die "Hallen" an dem Ort errichten, wo sie bis 1969 stehen sollten. Abt Suger beginnt mit dem Neubau der Basilika Saint Denis — dem ersten Meisterwerk der Gotik.

1163 Der Ile de la Cité, die schon den Palast der Könige von Frankreich beherbergt, geziemt auch der Besitz einer prächtigen Kathedrale. In Folge beginnt Maurice de Sully mit den

Arbeiten an Nôtre-Dame, die sich bis ins Jahr 1330 hinziehen.

1190 Philipp II. August, besorgt um die Sicherheit der Stadt, läßt einen Festungswall anlegen, von dessen runden Wachtürmen noch heute einige Ruinen zeugen.

1241 Ludwig der Heilige läßt die Sainte-Chapelle erbauen, die als Schrein für die ihm aus Konstantinopel übersandten Dornenkrone und Holzsplitter des Kreuzes dienen sollte.

1257 Robert de Sorbon gründet ein Collège, die nach ihm benannte Sorbonne.

1356 Zur besseren Verteidigung einer 200 000 Einwohner zählenden Ansiedlung läßt Karl V. einen zweiten, mit viereckigen Türmen versehenen Befestigungswall errichten, dessen Verlauf den heutigen "Grands Boulevards" entspricht.

1436 Karl VII. verjagt die Engländer aus Paris, das während des Hundertjährigen Krieges sehr gelitten hatte: die Häuser waren niedergebrannt oder geplündert, die Bäume gefällt und zu Brennholz verarbeitet worden.

DIE RENAISSANCE UND DER KLASSIZSMUS

1528 Franz I. macht Paris zu seiner Residenzstadt und beschließt den Umbau der Festung des Louvre in einen bequemen Palast. Die aus Italien kommende Renaissance erreicht die Ufer der Seine und hinterläßt mit der Kirche "Saint Eustache", ihre Spuren.

1572 Blut fließt in Strömen in den Straßen von Paris, als während der Bartholomäus-Nacht tausende Protestanten von den Katholiken niedergemetzelt werden.

1578 Heinrich III. legt den Grundstein zur Pont-Neuf. Unverändert trägt die Brücke noch heute ihren Namen, obwohl sie inzwischen die älteste der Hauptstadt wurde.

1594 "Paris ist eine Messe wert", sagte Heinrich IV. anläßlich seines Übertritts zum katholischen Glauben. Die Stadt öffnet ihm ihre Tore, und ihr Herz. Zwei herrliche Plätze sind ihm zu verdanken: der "Place Dauphine" und der "Place des Vosges", um den herum das vornehme Wohnviertel des Marais entsteht.

1614 Durch die Vereinigung zweier sumpfiger Inseln schafft der Bauunternehmer Christophe Marie eines der berühmtesten Pariser Stadtbilder: die Ile Saint-Louis.

1615 Maria Medici gibt bei Salomon de Brosse den Bau eines Palastes in Auftrag, der sie an ihre Geburtsstadt Florenz erinnern sollte: das spätere Luxembourg.

1629 Richelieu läßt sich eine Residenz errichten, die er 1642 dem König vermacht; so wird aus dem "Palais-Cardinal" der "Palais-Royal".

1638 Seit zwanzig Jahren schon träumt Anna von Österreich von einem Sohn; als endlich der spätere Ludwig XIV. das Licht der Welt erblickt, läßt sie zum Gedenken die Kirche "Val-de-Grâce" erbauen.

1682 Ludwig XIV. verlegt seinen Regierungssitz nach Versailles. Trotz des Mißtrauens, das der Sonnenkönig gegen Paris hegt, seit der revolutionären Tätigkeit det Fronde, läßt er Verschönerungen herstellen. Zu den bedeutendsten Zeug en seiner Herrschaft zählen der "Place de la Victoire", der "Place Vendôme", der Invalidendom, die Sternwarte, die Triumphbögen von Saint-Denis und Saint-Martin, so wie die Kolonnaden des Louvre. Das Marais bleibt weiterhin das bevorzugte Wohnviertel, aber an der Straße nach Versailles entstehen die ersten Herrenhäuser, die im 18. Jahrhundert den Kern des vornehmen Wohnviertels von "Faubourg Saint-Germain" bilden.

1751 Gabriel beginnt mit dem Bau der Militärakademie, die gegenüber des "Champs-de-Mars" liegt, einem großen Manöverplatz auf dem 10 000 Soldaten antreten können.

1763 Einweihung des "Place Louis XV.", ein klassisches Werk von Gabriel, der heute als

"Place de la Concorde" (Platz der Eintracht) bekannt ist.

1773 Der schwer erkrankte Ludwig XV. legt das Gelübde ab, eine Kirche zu erbauen, falls Gott ihn genesen lasse; der spätere "Pantheon". Dagegen starb der Architekt, Soufflot, aus Krummer als sich während der Bauarbeiten Risse im Mauerwerk zeigen.

1774. Thronbesteigung Ludwig XVI. Aus seiner Zeit stammen der Bau der "Pont de la Concorde", die Münzanstalt und der Justizpalast. Die Errichtung der Mauern der Generalsteuerpächter ist dazu bestimmt, Steuerhinterziehern die Ein- oder Ausfuhr von Waren, ohne Zollgebühren, zu verwehren. In dieser Epoche entstehen auch unsinnige Bauten wie zum Beispiel die "Bagatelle".

1789 Die "Bastille", das Symbol des Absolutismus, wird gestürmt und zerstört. Der König wird gezwungen, Versailles aufzugeben und nach Paris zurückzukehren. Die Revolution verfügt jedoch nicht über genügend Zeit, um bleibende, architektonische Spuren zu hinterlassen.

DAS 19. JAHRHUNDERT

1804 Napoléon veranlaßt ein Erneuerungsprogramm; Bau der "Rue de Rivoli" der Kais, neuer Brücken, der Abwasserkanäle, Schlachthöfe und Märkte, sowie des Ourcq-Kanals.

1806 Napoléon, ein großer Bewunderer des antiken Rom, läßt den Triumphbogen des Carrousels errichten. Die Arbeit an der "Madeleine" wird wieder aufgenommen.

1836 Der Obelisk von Luxor, den Méhémet Ali Louis-Philippe zum Geschenk machte, wird auf dem "Place de la Concorde" errichtet. Im selben Jahr wird der "Arc de Triomphe" fertig gestellt, den Napoléon nur als Modell aus Holz und bemalten Stoff kannte.

1837 Mit der Indienststellung des "Gare Saint-Lazare" (Bahnhof) können die Züge bis ins Herz der Stadt vordringen.

1852 Während des Zweiten Kaiserreiches erhält Paris sein heutiges Gesicht unter der Leitung des Baron Haussmann, dem neuen Präfekten, der mit einem enormen Stadtplanungsprogramm betraut wurde. Aus verkehrstechnischen Gründen entstehen die großen Boulevards; Garnier erbaut die Oper, Baltard "Les Halles".

1860 Gleichzeitig mit den großen Umbauarbeiten Haussmanns verdoppelt Paris durch die Eingemeindung der Vororte Auteuil, Passy, Vaugirard, Montmartre, Belleville etc. seine Ausdehnungsfläche. Die Stadt umfaßt 70 qkm und zählt 1,7 Millionen Einwohner.

1870 Während der deutschen Belagerung der Hauptstadt gelten Wasserratten als besondere Delikatesse.

1871 Auf die schrecklichen Entbehrungen des Winters folgt der Bürgerkrieg. Auf die Kosten der Kommune kommen zehntausende Tote und schreckliche Verwüstungen: das Rathaus (Hotel de Ville) und der Palais des Tuileries verschwinden in den Flammen.

1873 Die konservative Nationalversammlung beschließt den Bau von "Sacré-Coeur", als Buße für die "Verbrechen der Kommune". Die Einweihung erfolgt erst 1919.

1889 Nach zweijähriger Bauzeit wird der "Eiffel-Turm" anläßlich der Weltausstellung eingeweiht.

1900 Aus Anlaß einer neuen Weltausstellung erhält die Stadt Paris den "Grand Palais" und den "Petit Palais", die "Pont Alexandre III." und vor allem die von Bienvenüe gebaute Métro. Der Jugendstil prägt seinen Ausdruck in den von Guimard entworfenen Metro-Eingängen.

DAS 20. JAHRHUNDERT

1914 Paris und seinen fast 3 Millionen Einwohnern wird durch die "Marne-Taxis" (zum Truppentransport beschlagnahmte Taxis) die deutsche Besetzung erspart. Die "Dicken Berta" war nötig, in der Stadt Schaden anzurichten.

1937 Während der Zwischenkriegszeit verändert sich das Stadtbild nur unwesentlich. Anläßlich der "Internationalen Kunst- und Technik-Ausstellung" entsteht das "Palais de Chaillot" auf den Grundmauern des früheren "Palais du Trocadéro".

Juni 1940 Deutsche Truppen besetzen die Stadt Paris.

August 1944 Brennt Paris?! Nein, aber es fehlt nur wenig. General de Gaulle marschiert, begleitet vom Jubel der Massen, die Champs-Elysées hinunter und begibt sich dann nach "Nôtre-Dame".

1950–1960 Das erste Jahrzehnt nach der Befreiung steht im Zeichen einer Wohnungskrise; die Prioritäten eines raschen Wiederaufbaus lassen kaum Platz für Planung.

1960–1970 Neues Baumaterial, sowie der allgemein herrschende internationale Stil, verändern noch viel drastischer das Stadtbild. Immer mehr Gebäude, ob nun weitläufig oder in die Höhe schießend, aus Beton und Stahl, Glas und Aluminium wachsen aus dem Boden. Unter den markantesten, beispielhaft für diese Epoche, finden sich: das Unesco-Gebäude (1958), das Gebäude des C.N.I.T. an der Defense (1959), das Rundfunkhaus (1963), das Prinzen-Park-Stadion (Parc des Princes — 1972), der Maine-Montparnasse-Turm (1973), der Flughafen Roissy (1974), wie auch die Hochhaus-Komplexe der "Front de Seine" und der "Defense".

1975 Im Großraum Paris leben 8 Millionen Menschen, davon 2, 3 Millionen in der Stadt Paris selbst. Eine neue Städtebaupolitik, die mehr Rücksicht auf die Gegebenheiten des Ortes und den Altstadtkern nimmt, beginnt sich langsam durchzusetzen. Ihr treffendstes Beispiel findet sich in der noch immer fortgehenden Sanierung des Marais-Viertels, das von Malraux unter Denkmalschutz gestellt wurde. Nach dem Auszug des Großmarktes nach Rungis erhält das Hallen-Viertel sein neues Gesicht: das "Centre National d'Art et de Culture George Pompidou" gehört seit seiner Einweihung im Jahre 1977 zu den meistbesuchten Plätzen der Hauptstadt. Das "Forum des Halles" wird zu einem der bevorzugtesten Treffpunkte der Jugend und der Vorstädter.

1985 Nach der Fertigstellung des "Parc de la Vilette", werden andere Stadtteile, die bisher vernachlässigt wurden, zum Mittelpunkt architektonischer Großprojekte, zum Beispiel das Palais Omnisports — 1983 und das "Finanzministerium" in Bercy oder die "Volksoper" an der Bastille.

Entlang der Seine

Alles hat Paris der Seine zu verdanken. Da der Fluß sowohl Nahrung und Trinkwasser, als auch Schutz und Transportmöglichkeiten bot, siedelte sich der Stamm der Parisii an ihren Ufern an und gründete Lutetia auf der "Ile de la Cité". Natürlich stoßen diese Vorteile, die der Fluß in früheren Zeiten bieten konnte, heute nicht mehr auf das gleiche Interesse. Zwar werfen die Fischer noch immer ihre Angeln aus, aber nur wenige werden wohl noch den Verzehr ihres mageren Fanges wagen; das einst trinkbare Flußwasser muß heutzutage komplizierten Aufbereitungsmethoden unterzogen werden, ehe es sich zum Verbrauch eignet. Ebenso gehört die Epoche der Hunnen und Wikinger seit langem der Vergangenheit an, und die einzelnen Seine-Arme bilden heute eine wohl mehr als schwache Verteidigung gegen mögliche Eindringlinge ... Auch die Versorgung der Stadt geschieht nur noch unwesentlich auf dem Flußweg; immer mehr Lastkähne gehen entgültig vor Anker und dienen seßhaft gewordenen Reisenden als Unterkunft. Die "Bateaux-Mouches", im letzten Jahrhundert noch wahre Personenverkehrsmittel, befördern nur noch Touristen.

Doch all dies verhindert nicht, daß sich entlang der Kais Neuheiten und Tradition kunterbunt vermischen. Wenn auch die Büchertrödler keine seltenen Buchausgaben oder echte Picassos mehr anbieten, so lassen sich bei ihnen trotzdem immer noch vergriffene Ausgaben, ein Kupferstich oder kleine Geschenke finden. Die Clochards (Penner), die nach wie vor ihre Stellung unter den Brücken halten, haben heute von den Joggern, Pétanque-Spielern und Sonnenhungrigen, die an schönen Tagen in Massen die Kais bevölkern, Gesellschaft bekommen. Für die anscheinend nie abnehmende Zahl der Liebespaare unter der Mirabeau-Brücke (Pont de Mirabeau), und vielen anderen, gelten wohl noch immer die Verse Guillaume Apollinaires:

"Hand in Hand, einander zugewandt
Während unter
der Brücke unserer Arme, hindurchfließt
die Welle, gelangweilt vom ewigen Anblick."

Die Seine ist auch eine ideale Möglichkeit, Paris zu besichtigen. Bei einer flußabwärts führenden Bootsfahrt auf einem der Bateaux-Mouches oder anderen Booten kann man nicht nur am Leben auf den Kais und unter den Brücken, von denen einige wahre Meisterwerke sind, teilnehmen, sondern sich auch eines einzigartigen Sichtwinkels auf die Häuserreihen und schönen Bauten der "Ile Saint-Louis", des "Quai des Grands-Augustins" und "Quai Voltaire" erfreuen.

Bei Einbruch der Nacht bietet sich ein Ausblick auf von Kronleuchtern prächtig erhellte Appartements, auf Holzdecken, auf Bibliotheken, mit ihren in Leder gebundenen Buchrücken, auf einzigartige Skulpturen und viele tausend andere Einzelheiten, deren Existenz man vom Gehsteig her nie vermuten würde. Zudem weiß jeder, daß an den Ufern der Seine ein Großteil der berühmtesten Denkmäler der Hauptstadt stehen; seien es "Notre-Dame", das "Institut" oder der "Justizpalast" (Palais de Justice), seien es der "Trocadéro", der "Louvre" oder der "Eiffel-Turm".

1. Die **Pont-Neuf** (Neue Brücke) ist die älteste Brücke von Paris. Ihr Bau wurde unter Heinrich III. (Henri III) im Jahre 1578 begonnen und unter Heinrich IV. (Henri IV) 1606 vollendet; das spitz zulaufende Ende der "Ile de la Cité", auf der das Bauwerk ruht, trägt den Namen "Square du Vert-Galant" — zur Erinnerung an den guten König Heinrich, dessen Leidenschaft und sein erheblicher Frauenverbrauch sprichwörtlich blieben! Zu Beginn des 17. Jahrhunderts besaß die "Pont-Neuf" als einzige Brücke schon Gehsteige, war aber noch nicht von Häusern gesäumt. Die Menge der Schaulustigen umringte die Schaubuden, während die Frauen aus dem Volk ihre Wassereimer an der "Samaritaine-Pumpe" füllten.

2. Zwar bezahlt man für ihre Bücher nicht weniger als anderswo — ihre Auswahl umfaßt gute wie schlechte Drucke oder Posters — aber gibt es jemanden, der die Schaukästen der **Buchtrödler** nicht als schönste Buchhandlung der Welt bezeichnen würde?

3. Die **Seine** bleibt nach wie vor eine beeindruckende Flußpromenade: die "Bateaux-Mouches" und die "Vedettes du Pont-Neuf" kreuzen sich mit den Lastkähnen, die statt entgültig an den Kais festzumachen, doch noch lieber Weizen, Sand oder Zement transportieren.

4. Man muß doch zugeben, daß die **Pont-Neuf** auch ohne Schaubuden und Gaukler ein stolzes Bauwerk darstellt.

3

2

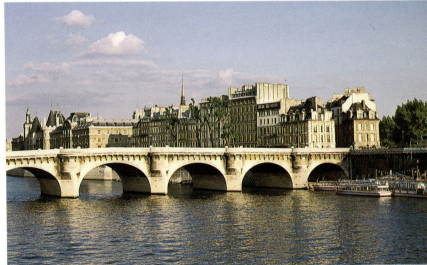

4

5. Das mindeste, was man sagen kann, ist, daß die **Pont des Arts** eine turbulente Geschichte hinter sich hat. Schon bei ihrer Fertigstellung galt sie als außergewöhnlich, war sie doch die erste Eisen-Brücke in Paris und die dritte ihrer Art auf der Welt. Ein grausames Schicksal wollte daß die Brücke gesehwächt wurde. Es warals ob sich in den letzten 150 Jahren alle Lastkähne, Barkassen und was sonst noch auf der seine schwamm, verschworen hatte die Pfeiler zu rammen um sie schließlich zum Einsturz zu bringen. Bei den letzten, 1984 abgeschlossenen Restaurationsarbeiten wurde das ursprüngliche Gußeisen durch Stahl ersetzt ohne aber auch nur im geringsten Detail die aus der Napoléon-Zeit stammenden Verzierungen zu verändern.

6. Die "Pont de l'Alma" wurde in den 70er Jahren als Stahlkonstruktion wiederaufgebaut. Von dem ursprünglichen Brückenwerk blieb ein einziges Bestandteil erhalten, nämlich der berühmte, von Georges Diebolt geschaffene **Zouave** (militärisches Standbild), der heute den Wasserstand der Seine anzeigt.

7. Ein Augenpaar allein genügt nicht, um all die Schönheiten beider **Seine-Ufer** bewundern zu können: die funkelnden Fluten, überspannt von "Pont des Arts" und "Pont-Neuf", gesäumt vom "Institut de France" und den herrlichen Häuserfassaden des "Quai des Orfèvres", überragt in der Ferne von der Turmspitze der "Sainte-Chapelle" (Heilige Kapelle) und den Türmen und Spitzen von "Notre-Dame".

8. Nachts verwischen sich die Details, die Spiegelfläche des Wassers verhundertfacht die Lichtfetzen, unterschiedlichste Stilepochen vereinigen sich zu einer bezaubernden Harmonie, und die Denkmäler — wie hier die Seitenfront des **Louvre** und die **Pont du Carrousel** — scheinen von Leben erfüllt.

7

8

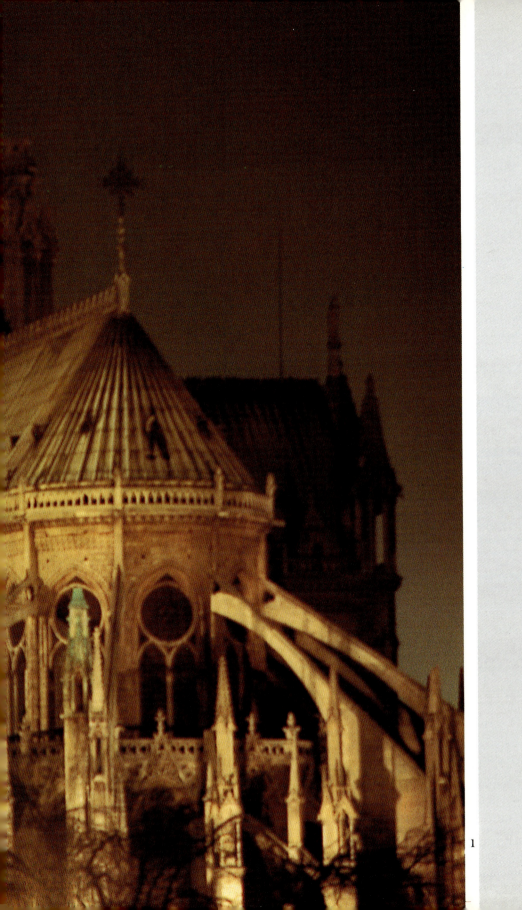

Notre-Dame und die Inseln

Ihre Lage, Geschichte, Kunst und Religion haben die "Ile de la Cité" zum Herzen von Paris werden lassen. Auf diesem majestätischen Schiff, dessen langgezogener Bug den Lauf der Seine zu spalten scheint, ließen sich vor mehr als zweitausend Jahren Menschen nieder, um vom Handel und Fischfang zu leben. Wohl beschützt, denn die Flußarme wirkten wie ein mächtiges Bollwerk gegen die Angriffe der Hunnen Attilas, der Wikinger und anderer Angreifer.

Auf dem Schiffsheck erhebt sich eines der vollkommensten Kunstwerke aller Zeiten: "Notre-Dame de Paris". Im 12. Jahrhundert, als sich alle größeren Städte Nordfrankreichs mit erhabenen Kathedralen bedachten, besaß Paris, obwohl Sitz des Königshauses, Universitätshochburg und Handelszentrum, keine einzige, seinem Rang gebührende Kirche. Deshalb begannen unter Bischof Maurice de Sully im Jahre 1163 ungeheure Arbeiten, die bis 1330 andauern sollten. Der Baubeginn liegt in den Händen eines genialen Architekten, dessen Namen wir jedoch nicht kennen; im Fortgang verdankt "Notre-Dame" viel Jean de Chelles, Pierre de Montreuil und Jean Ravy. Mit ihren Zwillingstürmen, ihren atemberaubenden Rosetten und ihren zum Himmel ragenden Stützbögen stellt sie einen der unbestrittenen Höhepunkte gotischer Baukunst dar.

Man nannte "Notre-Dame" auch das "Kirchspiel der französischen Geschichte". Denn in der Tat sah sie den Vorbeizug unendlich vieler Monarchen, bot den Ort nicht zu zählender Staatsbegräbnisse, wie Dankgottesdienste glücklicher Ereignisse, daß sie allein auf sich sieben Jahrhunderte stürmischer und ruhiger Zeiten vereinigt.

Doch sollte neben dieser sehr feierlichen Seite das brodelnde Leben, das sie um gab, nicht in Vergessenheit geraten. Ehe der weite Platz vor der Kathedrale entstand, drängte die Menge der Gläubigen, der Schaulustigen, der fliegenden Händler und die Bettler durch die schmalen Gassen, berührten vertraut die vielfarbigen Steinquader, die damals die Zeit noch nicht ausgeblichen hatte.

Obwohl sich "Notre-Dame" größter Verehrung erfreute, wurde sie aber auch großen Verwüstungen ausgesetzt. Im 17. Jahrhundert kam es zur Zerstörung des Lettner, im 18. Jahrhundert mußten die bemalten Fenster durch weiße Glasfenster ersetzt werden, und schließlich, während der Revolutionstage, stürzte das einfache Volk die Könige von Israel und Judäa über die Hauptfassade, da man sie für die Könige Frankreichs hielt! Erst die Schriften Victor Hugos und vor allem die Bemühungen von Viollet-le-Duc setzten dem Vandalismus ein Ende und leiteten die Restaurierung dieses Gotteshauses ein.

Nur 400 Meter weiter — unglücklicherweise eingeklemmt zwischen den verschiedenen Flügeln des Justizpalastes — befindet sich die "Sainte-Chapelle", eine Miniaturausgabe von "Notre-Dame." Nicht mehr als zwei Jahre benötigten die Architekten des Heiligen Ludwigs zur Erbauung dieses luftigen und eleganten Wunderwerks, das dazu bestimmt war, die Dornenkrone und Holzsplitter des Kreuzes zu verwahren. Von seinem gegenüber liegenden Palast konnte der König ohne Umweg in die obere Kapelle gelangen und der Messe beiwohnen, die unter den farbenprächtigen, 1100 biblische Szenen darstellenden Kirchenfenstern gelesen wurde.

1. Von all den gotischen Kathedralen Nordfrankreichs gehört **Notre-Dame de Paris**, neben denen von Chartres, Amiens, Bourges und Reims ..., zu den schönsten. Aber hinsichtlich ihres unvergleich großartigen Standortes läßt sie alle anderen hinter sich. Oft schon wurde sie mit einem Schiff verglichen, dessen Bug die prächtige Westfassade, dessen Heck die Apsis und dessen Masten die Türme und Spitzen bilden. Victor Hugo, der zu seiner Zeit wesentlich zum Einhalt der Zerstörung, ja vielleicht zur Rettung der Kathedrale beigetragen hatte, schätzte besonders das harmonische Gleichgewicht von praktischen und künstlerischen Gesichtspunkten: so dienen zwar die 15 Meter überbrückenden Stützpfeiler des Chors ihrem praktischen Zweck, verleihen aber andererseits dem Gesamten eine selten erreichte Leichtigkeit. Für den Schöpfer des "Quasimodo und der schönen Esmeralda" war jedoch "Notre-Dame" weit mehr als nur ein totes Denkmal: sie war ihm das Herz einer vor Lebenslust brodelnden Stadt.

2. Die **Hauptfassade** von "Notre-Dame" stellt ein wahres Bilderbuch der biblischen Geschichte dar. Anhand von Figuren, Szenen und religiösen Symbolen unterweist sie die Gläubigen.

3. *Das jüngste Gericht*, im Giebelfeld des Hauptportals.

4. Die atemberaubende Höhe des Hauptschiffes, die emporstrebenden Formen und die durch die große Nord- und Süd-Rosette erhaltenen Lichteffekte, all dies dient allein der Vergegenwärtigung Gottes.

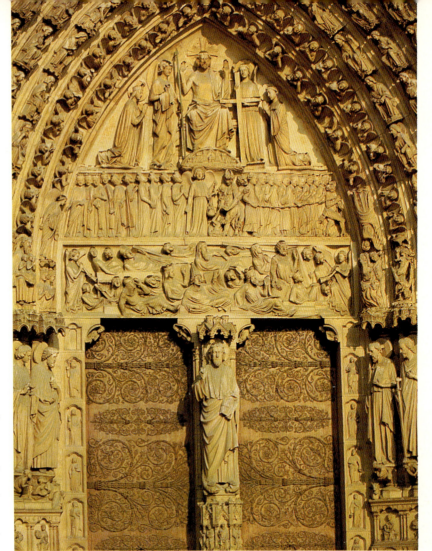

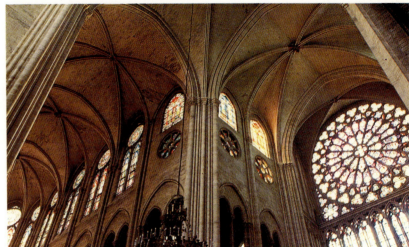

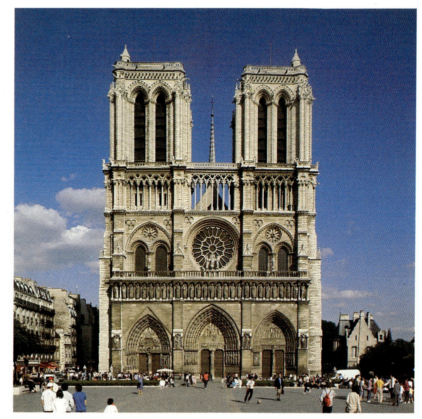

5

5. Das Labyrinth verschlungener und verrufener Gassen und Kabaretts, das Molière und La Fontaine noch kannten, ist heute einem weitläufigen, aber windigen **Vorplatz** gewichen. Sah man früher nur die Türme der Kathedrale aus dem Häusermeer emporragen, so verstellt heute nichts mehr ihren Anblick. Jedoch wie eh und je drängen sich die Menschenmassen auf diesem außergewöhnlichen Platz, auf dem heute unzählige Besucher und jugendliche Reisende aus aller Welt zusammenkommen. Mitten auf dem Platz markiert eine mit dem Stadtwappen versehene Bronzeplatte den theoretischen Ausgangspunkt aller französischen Straßen — von hieraus werden alle Entfernungen gemessen.

6. Auf der anderen Seite des "Hôtel Dieu", fast genau genüber dem "Châtelet" liegt seit 1809 der **Blumenmarkt**, auf dem eine große Auswahl an Schnittblumen, Grünpflanzen und Sträuchern zu haben ist. Jeden Sonntag beherbergen die Blumenläden des "Place Lépine" den Vogelmarkt.

6

7. Von hinten gesehen wirkt die Kathedrale noch viel eindrucksvoller; abseits des Menschengewühls auf dem Vorplatz kann man seinen Blick über die anmutige Apsis zu dem feingearbeiteten, schwarzen Spitzturm gleiten lassen, der die beiden weißen, 90 Meter hohen Seitentürme überragt. Die heute sichtbare Spitze wurde von dem großartigen Restaurator von "Notre Dame", Viollet-le-Duc an Stelle der zerstörten wiedererrichtet. Wenn man den **Square Jean XXIII.**, den ein Springbrunnen schmückt, überquert, gelangt man über die "Pont Saint-Louis" auf die Insel gleichen Namens.

7

8. Hinter dem prächtigen, schmiedeeisernen Tor aus dem 18. Jahrhundert, das den "Boulevard du Palais" vom "Cour du Mai" trennt, verschwinden nicht wenige Anwälte, deren schwarze Roben und flatternden Ärmel erahnen lassen, welch leidenschaftliche Plädoyers sie in den Sizungssälen des **Justizpalastes** (Palais de Justice) halten werden. All diese Gebäude sind nicht ohne eine gewisse Größe, aber man würde sich doch ein bißchen mehr Platz für die "Sainte-Chapelle" (Heilige Kapelle) wünschen, die unter ihrer Umgebung etwas erstickt. Wenn man jedoch trotz alledem genügend Abstand gewinnt, dann versteht man leicht, warum die Kapelle des Heiligen Ludwigs soviel Bewunderung auf sich vereinigt. Dieser Juwel gotischer Baukunst, in zwei Jahren fertiggestellt (1246–1248), weckt den Eindruck extremer Leichtigkeit auf Grund seiner ungewöhnlichen Proportionen: 17 Meter breit, 36 Meter lang, jedoch 42 Meter hoch, ja sogar 75 Meter, wenn man die feingearbeitete Turmspitze miteinbezieht!

9. Im oberen Teil der Kapelle sollten trotz der Pracht der Glasmalerei nicht die herrlichen Skulpturen in Vergessenheit geraten so zum Beispiel die von zwei Engeln umrahmte Christus-Figur.

10. Die **Sainte-Chapelle** trägt viele Widersprüchlichkeiten in sich. Als der Heilige Ludwig die Kapelle in Auftrag gab, dachte er an eine schlichte Stätte zur Aufbewahrung der Dornenkrone und Holzsplitter des Kreuzes, die er aus Konstantinopel erhalten hatte; sollte sich aber herausstellen, daß es sich bei der Dornenkrone und den Splittern um eine Fälschung handelt, wird die "Sainte-Chapelle" nichtsdestotrotz als göttliches Meisterwerk überdauern. Was soll man vom architektonischen Standpunkt zu einem Bauwerk sagen, bei dem die gotische Technik und Baukunst soweit getrieben wurde, daß die Glasfenster den Stein vergessen lassen? Wie soll man zudem erklären, daß der Heilige Ludwig, sich niemals dieses lichtüberfluteten Ortes bediente, um glanzvolle Feierlichkeiten zu begehen, sondern sich sehr oft über einen Geheimgang heimlich dorthin begab, um in aller Stille zu beten?

10

11

11. *An der Ecke "Quai de l'Horloge" und "Pont au Change" zeigt ein viereckiger Turm den Vorbeiströmenden seit 1370 die Tageszeit an. Die derzeitige Uhr stammt aus dem Jahre 1585. Gleich neben den beiden Zwillingstürmen befindet sich der Eingang zur **Conciergerie**. Dieses imposante Überbleibsel des Königspalastes der Kapetinger verschont, denn so entgegengesetzte der Revolution. Hier wurde niemand verschant, denn so entgegengesetzte Personen wie Marie-Antoinette, der Royalistenführer Cadoudal oder aber die Montagnards Marat, Danton und Robespierre lernten ihre finsteren Kerker kennen, ehe sie auf die letzte Reise gingen ...*

12. *Man muß schon den "Mont-Saint-Michel" oder den "Palais des Papes" (Papstpalast) in Avignon aufsuchen, um ein vergleichbares architektonisches Ganzes wie den **Salle des Gens d'Armes** in der "Conciergerie" zu finden. In diesem aus dem Jahre 1315 stammenden Saal finden heute Konzerte und Ausstellungen statt.*

12

13. Die **Ile Saint-Louis** ist ein Paradies für Fußgänger, da sowohl jeglicher Verkehr fehlt, als auch herrliche Ausblicke sich bieten. Die "Quais de Bourbon" und "d'Anjou" führen an der rechten Inselseite, die "Quais d'Orléans" und "Béthune" an der linken Inselseite entlang. Die schmale und sonnenlose "Rue Saint-Louis-en-Ile" besitzt einen Charme aus Behaglichkeit und Eleganz. Viele berühmte Namen sind mit der Insel verknüpft, und ohne Zweifel der des Hauses Bertillon, bekannt für seine Sorbets und Eissorten.

14. Heinrich IV. ließ 1607 zu Ehren des Kronprinzen, des späteren Königs Ludwig XIII. den **Place Dauphine** (Dauphine-Platz) auf der Stelle gestalten, auf der der Großmeister des geheimnisvollen Templerordens, Jacques de Molay, den Feuertod starb. Wie der zur gleichen Zeit entstandene "Place des Vosges," bietet der "Place Dauphine" ein einheitliches Stilbild: alle Häuser und Rundbögen sind von gleicher Höhe, und alle Dächer mit Schiefer gedeckt. Die schöne Madame Roland, der gute Geist der Girondisten während der Revolutionszeit, verbrachte hier ihre Jugend und heiratete auch dort. Viele Schriftsteller sollten auf diesem Platz flanieren: die Liste reicht von Gérard de Nerval über Anatole France bis hin zu Thomas Mann.

15. Der **Square du Vert-Galant**, nur durch die "Pont-Neuf" vom "Place Dauphine" getrennt, erinnert an den Bug eines Schiffes. Im Schatten seiner Bäume hat man einen herrlichen Blick auf den "Louvre", das "Hôtel des Monnaies" (Münzanstalt) und die Kuppel des "Instituts".

14

15

13

Der Louvre und der Jardin des Tuileries

Welch wunderbares Flickwerk ist doch der "Louvre"! Die mittelalterliche Festung Philipp II. August (Philippe Auguste) erfuhr im Laufe der Jahrhunderte durch zahlreiche Herrscher mannigfaltig An- und Umbauten. Ob nun Karl V. oder Napoléon III., nicht zu vergessen Franz I., Heinrich III., Ludwig XIV. oder aber Napoléon I., alle trugen, im Stil ihrer Zeit, zu diesem Jahrhunderte überspannenden Werk bei; trotzdem bildet der Louvre eine überraschende Einheit. Bleibt also nur noch zu wissen, ob unsere Zeit, diesen einheitlichen Gesamteindruck mit dem Bau der Glaspyramide, entworfen von dem Architekten Ming Pei, bewahren kann.

Das andauernde Bestreben der Monarchen nach Verschönerung des "Louvre" bedeutet aber nicht, daß es ihnen in diesem weitläufigen Gebäude gefiel, das mehr dem Prunkgebaren entsprach, als dem täglichen Komfort. Karl V. hielt sich lieber in seinem Stadthaus im Marais auf; Ludwig XIV. zog ohne großes Bedauern nach Versailles, nachdem Aufständische bis in sein Schlafzimmer vordrangen; im 18. Jahrhundert ließen sich Stimmen vernehmen, die dem Abbruch des "Louvre" vorschlugen, was auch die Brandschatzungen der Kommune beinahe geschafft hätten.

Im Grunde genommen war der Louvre dazu bestimmt, tausende und abertausende Besucher zu empfangen. Die Gemäldesammlung Franz I., die bereits die schönsten Gemälde von Leonardo da Vinci und Raffael umfaßte, erfuhr unter Colbert eine bedeutende Erweiterung, um schließlich während der Revolution zum "Hauptmuseum der Künste" (Museum central des Arts) zu werden. Seit dieser Zeit vervollkommnen die sieben Abteilungen unaufhörlich ihren Bestand, nicht zuletzt dank der Ankäufe des Staates, der Stiftungen und Schenkungen. Diese Überfülle an Kunstwerken, die immer nur teilweise der Öffentlichkeit gezeigt werden kann, steht am Anfang eines Neugestaltungsprogrammes, genannt der "Grand Louvre". Wenn erst die Beamten des Finanzministeriums in ihre neuen Räumlichkeiten im Stadtteil Bercy umgezogen sind, steht dem "Grand Louvre" die doppelte, heutige Ausstellungsfläche zur Verfügung.

Morgen vielleicht noch mehr als heute wird dann der Louvre seinen Ruf als eines der zwei oder drei größten Museen der Welt rechtfertigen, wenn nicht sogar auf Grund der Vielfalt seiner Sammlungen den ersten Platz einnehmen. Nirgendwo sonst kann man in einigen Stunden eine solche umfassende Anzahl an Meisterwerken aus allen Herren Länder und allen Stilepochen bewundern. Von den ägyptischen Sarkophagen bishin zu den venitianischen Landschaften; anhand von Zeichnungen, Gemälden, Skulpturen, Keramiken, Schmuckstücken, Mobiliar und vielen anderen Exponaten durchläuft man die Weltgeschichte der Kunst. Obwohl es schwierig ist, eine Auswahl unter diesen vielen Schätzen vorzunehmen, sollte doch jeder Besuch einige Höhepunkte nicht auslassen: die ägyptische Abteilung, die griechisch-römische Abteilung mit der "Venus von Milo" — armlos — und der "Nike von Samothrake" — kopflos —; die französische Schule, mit Bildern von Georges de la Tour, Poussin, Watteau, Chardin, Fragonard, Ingres, Delacroix und vielen anderen, die italienische Schule, mit Giotto, Fra Angelico, Léonardo, Raffael, Tizian …; nicht zu vergessen die Holländer mit Rembrandt und Vermeer; die Flamen mit Van Eyck, Bosch und Breugel; die Deutschen mit Dürer und Holbein und schließlich die Spanier mit Vélaquez und Goya.

1. Die beiden **Seitenflügel** des "Louvre" umschließen den "Jardin du Carrousel" geschmückt durch den 1806 von Napoléon errichteten Triumpfbogen und die Statuen des Bildhauers Maillol. Diese schönen mit Kunstwerken geschmückten grünen Anlagen sind nicht allein für die Flaneure reserviert: der Verkehr, der sich durch die Torbögen des "Carrousels" und des "Louvre" auf diesen Platz ergießt, zerstört die Ruhe dieses Ortes. Ehe im Jahre 1871 ein Großfeuer den Tuilerien-Palast verwüstete, bildete er zwischen dem **Pavillon de Flore** und dem "Pavillon de Marsan" die vierte Seite des Vierecks.

2. Das zur Zeit noch im Südflügel untergebrachte Museum wird dann der **Grand Louvre**, sobald das Finanzministerium den Flügel geräumt hat, der zur "Rue de Rivoli" hin liegt.

2

3. Alle seit Franz I., bis zur Dritten Republik einander folgenden Stilepochen trugen zur Erweiterung und Verschönerung des "Louvre" bei. Bleibt nur die Frage, ob sich unsere Zeit ihren Vorgängerinnen ebenbürtig erweist.

4. Seit ihr der große **Leonardo da Vinci** um 1505 Gestalt gab, betrachtet die "Mona Lisa" mit ihrem feinen ironischen Blick Millionen von Bewunderern. Die allgemeine Verehrung scheint ihr in jeder Weise zu bekommen: denn sie weiß, daß sie die berühmteste, schönste und am häufigsten reproduzierte Frau der Welt ist. Mußte sie auch in der Vergangenheit den Anschlag eines Geistesgestörten über sich ergehen lassen, so schützt sie heute ein durchsichtiges Panzerglas. Insgeheim lächelt sie vielleicht darüber, als schwierigstes Photomodell zu gelten, derart heimtückisch sind die entstehenden Spiegelreflexe!

5. Ingres, ein Zeichengenie, deen geistige Wiege in Florenz stand, hielt nicht nur das napoleonische Heldenepos und die Großbürger seiner Zeit fest, sondern ergötzte sich auch an anmutigen Kurven weiblicher Körper.

6. Die **Freiheit führt ihr Volk**, Symbol der Revolution von 1830, war in keinem der Geschichtsbücher der Vergangenheit zu vermissen. Kein Wunder, daß Generationen kleiner Franzosen zu den ersten Bewunderern dieser freizügigen Dame gehören! Gilt Ingres berechtigterweise als Meister der Linienführung, so verdient sein großer Rivale Eugène Delacroix mit gleicher Berechtigung den Titel eines Meisters der Farbbeherrschung.

7. Die niederländische und flämische Malerei wird im Louvre großartig mit Breughel, Rembrandt, Vermeer und Van Dyck vertreten. Lebensfreude, Freude am guten Essen und nicht weniger an schönen Frauen sprühen aus dem Gemälde **Kermesse**, das Peter Paul Rubens in den 30er Jahren des 17. Jahrhunderts malte. Die Beherrschung der Körperbewegung, wie die Kühnheit der Farbgebung des Meisters, sollten Fragonard, Delacroix aber auch Renoir entscheidend beeinflußen.

6

7

8. Die **Nike von Samothrake** liefert den Beweis, daß selbst eine enthauptete Statue vortrefflich die weibliche Schönheit verkörpern kann. Zusammen mit der "Venus von Milo", beide aus dem 2. Jahrhundert vor Christus, gehört diese Gallionsfigur zu den berühmtesten Kunstwerken der griechisch-römischen Abteilung des Louvre.

9. Es ist nicht ohne eine gewisse Ironie, daß die Italiener nach Paris kommen müssen, um ihre künstlerische Vergangenheit entdecken zu können! Die Liste der im Louvre aufbewahrten Kunstschätze der Halbinsel wäre unendlich lang: es mag genügen, an den "Heiligen Franz" von Giotto, den "Mann mit Handschuhen" von Tizian, die "Hochzeit zu Kana" von Veronese und das Porträt von "Balthazar Castiglione" von Raffael zu erinnern. Die Bildhauerei könnte nicht besser vertreten sein, als mit den **Sklaven** von Michelangelo. In diesem für das Grabmal Papst Julius II. bestimmten Standbild verkörpern sich gleichermaßen kreative Kraft des Genies und die Qualen seiner Seele.

10. In der Fortsetzung des Triumpfbogens des "Carrousels" liegt das **Bassin des Tuileries** (rundes Wasserbecken mit Mittelfontaine), das Segelrevier der Kapitäne in kurzen Hosen.

11. Der **Jardin du Carrousel**, ein wahrhaftes Freiluftmuseum, wird von äußerst verführerischen Personen beevölkert, die recht fülligen Bronzefrauen des Bildhauers Aristide Maillol.

12. Der Geschichte — oder Legende — zu Folge gaben die Gloken der Kirche **Saint-Germain-l'Auxérrois** das Zeichen zu den Massakern der Bartholomäus-Nacht, am 24. August 1572. Natürlich kann die Kirche des Louvre mit unzähligen historischen Erinnerung aufwarten: Molière und Armande Béjart wurden dort getraut; sie beherbergt die Gräber von Chardin, Boucher und Théophraste Renaudot, dem "Erfinder" des Journalismus. Zwar sind die verschiedenen Bauabschnitte, die sich vom 12. bis 19. Jahrhundert erstrecken, zu heterogen, um Bewunderung zu erwecken, doch verdienen insbesondere ihre spätgotische Portalvorhalle, das Chorgeländer, die farbigen Glasfenster und das Chorgestühl der königlichen Familie die Aufmerksamkeit der Besucher.

12

Der Place de la Concorde, l'Arc de Triomphe, die Champs-Eysées

Der Westen von Paris wird durch eine kerzengerade Linie von 8 Kilometern, vom "Louvre" bis zur "Defense", in zwei Teile geschnitten. Das berühmteste Teilstück dieser Achse verbindet das Rechteck des "Place de la Concorde" mit dem Rundplatz des "Etoile" und eröffnet dem Besucher einen der beeindruckendsten Ausblicke der Hauptstadt.

Bekanntlich haben die Pariser eine große Schwäche für das Umtaufen und nochmalige Umtaufen ihrer Straßen, je nach Laune der Zeit. Doch wenige Orte wohl können sich rühmen, derart viele Namen getragen zu haben, wie der Platz, in dessen Mitte sich der Obelisk von Luxor erhebt: Einmal trug er den Namen Ludwig XV. (Louis XV.), dann den der Revolution, später den der Eintracht (Concorde), wieder den Ludwig XV., anschließend den Ludwig XVI. (Louis XVI.) und zuletzt wieder den der Eintracht. Eine Namenswahl, bei der man sich wirklich fragen kann, ob sie ihm angemessen ist, wurden doch Ludwig XVI., Marie-Antoinette, Danton, Robespierre und mehr als 1500 andere auf diesem Platz guillotiniert.

Die "Champs-Elysées", die die Pariser nicht ohne einen gewissen Chauvinismus als die schönste Prachtstraße der Welt bezeichnen, stand während des Zweiten Kaiserreiches gleichbedeutend für Eleganz. Sie teilt sich in zwei klar unterschiedene Abschnitte: östlich des "Rond-Point" die Parkanlagen, in denen der junge Marcel Proust spielte, wo aber auch das "Grand Palais", das "Petit Palais" und der "Elysées-Palast" herausragen; nach Westen zu läuft eine moderne Hauptverkehrsader, die die Passanten zum Schaufensterbummel, zu einer Erfrischung in den Straßencafés oder aber zu einem Kinoabend einlädt, für den man jedoch Schlange stehen muß. Leider wurden fast alle Privathäuser zerstört, um den Büros der Fluggesellschaften, den repräsentativen Firmensitzen oder aber den Kinosälen Platz zu machen; doch die eleganten Damen des Tages und der Nacht sind zum Glück noch nicht aus dem Straßenbild verschwunden.

Vereinigt der "Place de la Concorde" klassische Harmonie, die "Champs-Elysées" ein Meer an Neonleuchten, so der "Place Charles-de-Gaulle" militärischen Ruhm und Verkehrsstaus. Am "Etoile" können die Autofahrer um sechs Uhr abends ihr fahrerisches Können unter Beweis stellen! Von den zwölf, sternenförmig angelegten Avenues aus ergeben sich unvergleichliche Blickwinkel. Ob man das Denkmal von vorn, von der Seite oder aber im drei-viertel-Profil betrachtet, unumstößlich gehört der "Arc de Triomphe", neben "Notre Dame" und dem "Eiffel-Turm" zum Wesen von Paris.

Napoléon, dessen Modernisierungsprogramme nicht gerade seine Stärke waren, empfand die aus der Zeit Ludwig XIV. stammenden Triumpfbögen von "Saint-Denis" und "Saint-Martin" mit ihren nur zwanzig Meter Höhe, als etwas zu klein geraten; und der des "Carrousels" mit seinen fünfzehn Metern, war nichts anderes, als ein Modell. Zu Ehren der Großen Armee gebrauchte es schon etwas indruckvolleres: das von Chalgrin entworfene Bauwerk mißt 50 Meter in der Höhe und 45 Meter in der Breite. Der Kaiser lernte den "Arc de Triomphe" jedoch erst nach seinem Tode kennen, als seine sterbliche Hülle 1840 unter dem Bogen hindurch zum "Invalidendom" gebracht wurde. Seit diesem Tag verliehen die Siegesparaden von 1919 und 1945, die Befreiung im August 1944 und das Grabmal des Unbekannten Soldaten dem "Arc de Triomphe" einen symbolischen Wert. Über seine Bedeutung für die offiziellen Feierlichkeiten hinaus, wurde er eine Art "Altar des Vaterlandes".

1. *Paris läßt sich nicht auf irgendein Bild festlegen, aber sicher hinterläßt die **Champs-Elyseés** bei Nacht einen starken Eindruck. Niemand wird leugnen, daß diese prachtvolle Avenue etwas besonderes an sich hat, wenn man sie hinauffährt, an den Fassaden der Kinos, den erleuchteten Schaufenstern und Straßencafés vorbei, mit dem goldleuchtenden "Arc de Triomphe" im Hintergrund.*

2. *Welcher Besucher oder Einheimische hätte nicht schon geträumt, an einem heißen Sommertag der "Badenden" Gesellschaft zu leisten, die sich Jahr aus, Jahr ein in einer der beiden Fontänen des **Place de la Concorde** räkelt?*

3. *Nicht zu Unrecht, denn die zwischen 1836 und 1846 nach Plänen von Hittorf entstandenen Brunnen, sind eine Nachahmung; aber man könnte erwidern, daß die Eleganz der Vorbilder ihre Reproduktion rechtfertige, umsomehr als die Umgebung ihr Erscheinungsbild völlig verändert. Selbst eine Kopie wird typisch pariserisch, wenn sie den "Eiffel-Turm" zum Hintergrund hat.*

2 3

4. In der "Rue Royale", bei **Maxim's**, diniert die Prominenz und weniger Prominente, die es so regelmäßig besuchen wie andere die Kirche. Das ehemalige "Hôtel du Duc de Richelieu" bildet in der Tat seit mehreren Jahrzehnten die Kultstätte der Oberen Zehntausend von Paris.

5. Mit seinen symmetrisch angeordneten Gebäuden, der in den Himmel ragenden Vertikale des "Obelisk von Luxor" und der Doppelperspektive auf "Madeleine" und "Palais Bourbon" gleicht der **Place de la Concorde** beinahe einer mathematischen Abstraktion.

6. Die **Rue de Rivoli**, die den "Concorde" mit dem Marais verbindet, lädt, zumindest in ihrem ältesten Abschnitt, zu einem angenehmen Spaziergang ein. Auf der einen Seite liegt der "Jardin des Tuileries", auf der anderen Seite locken Buchläden, Souvenierverkäufer, Kleiderboutiquen und Teesalons in den Schutz der Arkaden.

5

4

6

7

7. und 8. *Für Kunstliebhaber ist der "Condorde" das Mekka des Impressionismus. Fand doch diese Kunstrichtung 1954 Zuflucht in den Räumen des* **Jeu de Paume**, *ehe sie 32 Jahre später in das "Musée d'Orsay" umziehen konnte. Das* **Musée de l'Orangerie**, *das Gegenstück zum "Jeu de Paume" liegt auf der anderen Seite der Terrasse "Bord de l'Eau", direkt an der Seine. Außer den berühmten "Seerosen" von Claude Monet, beherbergt es seit kurzem die wunderbare Paul-Guillaume — Jean-Walter-Sammlung, die unter anderem 22 Soutines, 24 Renoirs, 14 Cézannes und 9 Douanier Rousseau ("Die Hochzeit" und "Der Karren des Vaters Junier") zählt, ohne die Werke von Utrillo, Matisse, Modigliani und Picasso vergessen zu wollen.*

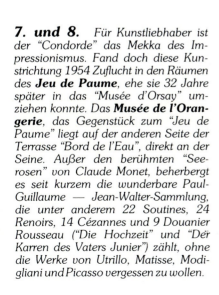

8

9

10

9. Die **Pferde des Grand Palais** verkörpern den etwas zu pompösen Geschmack der "Belle Epoque".

10. Die **Pont Alexandre-III** feiert die russisch-französische Freundschaft. Dieses Meisterwerk der Metallbaukunst, ein wahrer "Eiffel-Turm" in der Waagerechten, wurde zwischen 1896 und 1900 errichtet und dem Zaren gewidmet, der das Deutsche Reich verstieß und um die Hand Frankreichs anhielt.

11. Das **Petit Palais** entstand anläßlich der Weltausstellung von 1900. Unter seiner weitausladenden Vorhalle, überspannt von einem Kuppeldach, verwahrt es die größte Kunstsammlung der Stadt Paris. Sie umfaßt griechische und ägyptische Antiquitäten ebenso, wie mittelalterliche Exponate, oder Gemälde von Cranach, Rembrandt, Rubens, Monet, Renoir und Cézanne als auch zeitgenössische Ausstellungen.

11

12. Donnerstags, samstags und sonntags zieht der **Briefmarkenmarkt** (Marché aux Timbres) der "Champs-Elysées" Philatelisten aus der ganzen Welt an. Von Mittag bis zum Sonnenuntergang werden zwischen der "Avenue de Marigny" und dem "Rond-Point" tausende dieser kleinen vielfarbigen Rechtecke in einer leidenschaftlichen Atmosphäre getauscht oder verkauft.

13. Kein Platz wäre besser für den **Arc de Triomphe** geeignet als der "Place de l'Etoile", der Charles de Gaulle nach dessen Tod gewidmet wurde. Denn jede der zwölf dort zusammenlaufenden Avenues bietet einen anderen Winkel, um dieses stolzeste Denkmal der Stadt, dessen wuchtige Formen die Siege Napoleons verherrlichen, zu bewundern.

14. Auf den ersten Blick scheinen die **Champs-Elysées** ihren exklusiven Charakter verloren zu haben, der einst Marcel Proust so begeisterte. Wie in jedem anderen Viertel kann man hier seine Hamburger verzehren oder ins Kino gehen. Doch die mit Sternen bestückten Restaurants, die eleganten Cafés und die Privatklubs werden noch immer von einer Kundschaft von Millionären, internationalen Stars und anmutigen Mannequins aufgesucht.

13

12

14

Das Palais-Royal und die Opéra

Seit dem Mittelalter spielt der Handel eine entscheidende Rolle für das rechte Ufer; Grund auch für die Ballung eleganter Boutiquen in dem Abschnitt, der im Südosten vom "Palais Royal", im Westen vom "Elysée" und im Norden vom "Boulevard Haussmann begrenzt wird. Dem Ruf der "Rue de la Paix", zwischen "Oper" und "Place Vendôme" gelegen, muß nichts mehr hinzugefügt werden: ihre Auslagen, wahre Schatzkästchen aus Gold und Diamanten, locken jedoch mehr Schaulustige, denn Kunden ... Die "Rue du Foubourg-Saint-Honoré" steht ihr in diesem Luxus kaum nach, finden sich doch hier die größten Modehäuser, gepaart mit Kunstgalerien und prächtigen Herrschaftshäusern. Ist es noch erlaubt an den Botschaften Großbritanniens und der Vereinigten Staaten vorbeizuschlendern, so bleibt der Gehsteig vor dem "Elysée – Palast" dem gewöhnlichen Sterblichen verwehrt. Schon viel demokratischer, obwohl auch hier der Chic nicht fehlt, gibt sich der "Boulevard Haussmann" mit seinen großen Kaufhäusern, die sowohl wegen ihres überreichen Warenangebots, als auch ihrer Atmosphäre der Jahrhundertwende wegen einen Besuch lohnen. Die Freunde des Geheimnisvollen und der Fantasie kommen in den überdachten Galerien und Passagen der "Grands Boulevards" auf ihre Kosten, entdecken sie doch gerade das antiquarische Buch, die Kuriosität oder das Erinnerungsstück, von dem sie nur träumen konnten.

Aber neben diesen Geschäften finden sich in diesem Viertel auch zahlreiche Kunstdenkmäler, wie die "Eglise Saint-Augustin" (Kirche), die "Madeleine", die eher an einen griechischen Tempel, als an eine Kirche erinnert, und natürlich auch die "Oper". Dieses von Charles Garnier zwischen 1862 und 1875 errichtete Bauwerk spiegelt in Vollkommenheit den Stil der Epoche Napoleons III. Gab dieses Bauwerk anfänglich Anlaß zu Gespött — Debussy spottete: "Den uneingeweihten Passanten wird sie stets an einen Bahnhof erinnern; eingetreten, glaubt er sich in einem türkischen Badehaus." — so hat sie sich heute gänzlich in die Pariser Landschaft eingepaßt; und ihre vertraute Silhouette überstrahlt dieses geschäftige Viertel mit seinen Firmensitzen und japanischen Restaurants. Die Oper behauptet sich seit einem Jahrhundert unter den größten Bühnen der Gesangswelt.

Stehen die "Rue de Rivoli" oder die "Avenue de l'Opéra" gänzlich im Bann eines geschäftigen Treibens, so herrscht um das "Palais Royal", einem der anmutigsten Plätzen der Stadt, plötzlich eine fast ländliche Stille. Einst bevölkerte eine kunterbunte Menge diesen Ort, angezogen von seinen Geschäften, Spielhöllen und leichten Mädchen. Doch dies gehört ebenso der Vergangenheit an, wie die politischen Redner, die 1789 die Revolution entfachten. Heute bildet der Garten ein Reich der Tauben und der Kinder der Nachbarschaft, und nur noch vereinzelt hallt der Schritt einiger Spaziergänger in den Galerien. Nicht verwunderlich, daß dieser so sehr der Tradition verbundene Ort auch die "Comédie-Francaise" beherbergt.

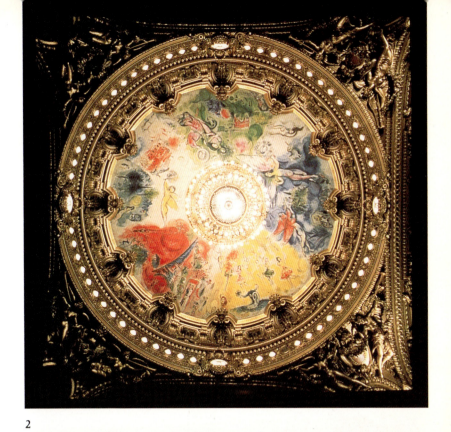

2

1. Der außergewöhnliche Wohlstand Frankreichs unter Napoléon III. findet in der von **Charles Garnier** erbauten **Opera** einen beispielhaften Niederschlag. Dieser junge Architekt, der den Zeitgeist seiner Epoche so großartig einzufangen wußte, griff für dieses Bauwerk auf alle nur existierenden Stilrichtungen, wie auch Baumaterialien aus aller Herren Länder zurück. Selbst wenn Schlichtheit nicht gerade zu seinen Stärken zählte, bleibt man dennoch nicht unbeeindruckt von der meisterhaften Beherrschung der Anordnung dieser verschwenderichen Überfülle an Prunk.

2. Wohl keine andere Deckengestaltung war so umstritten, wie die **Chagalls**: die zeitgenössische Kunst hielt 1964 mit Skandal Einzug in die Oper, als der berühmte Maler, angeregt durch die Musik von Wagner, Berlioz, Mozart, Ravel, Debussy, Moussorgsky, Adam, Tchaikovski und Stravinsky das Werk Lenepveus überpinselte.

3. Dachte Charles Garnier an den "Spiegelsaal" als er das **große Foyer Opera** entwarf?

3

4. *Im 19. Jahrhundert bildeten die* **Grands Boulevards** *den Mittelpunkt des Pariser Lebens: Dandys und Koketten beliebte es hier zu flanieren, in den in Mode stehenden Cafés zu plaudern, und für gewisse Lebemänner wäre das Leben zu mühsamer Arbeit geworden, hätten sie sich nicht täglich in prunkvollem Putz zeigen können. Von der "Madeleine" bis zur "Bastille", vorbei an "l'Opéra" und "Place de la République" verlaufen die "Grands Boulevards", die auch heute noch zu den Hauptverkehrsadern von Paris gehören, doch ihr Gesicht hat sich verändert. Eleganz herrscht westlich der "Carrefour Richelieu-Drouot" (Kreuzung) und Volkstümlichkeit im östlichen Teil.*

5. **Victor-Louis Baltard**, Architekt der "Regenschirme" der "Hallen", hatte keine leichte Aufgabe, als er mit dem Bau der **Eglise Saint-Augustin** (Kirche) betraut wurde. Der spitz zulaufende Winkel zwischen den beiden Straßen zwang ihn zur Wahl eines trapezförmigen Grundrisses. Ebenso eklektisch wie sein Kollege Garnier vermischte er Gußeisen und Neo-Renaissance mit einem Schuß Neo-Byzantismus. Manche fanden diesen Cocktail erstaunlich ...

6. Die "Eglise Sainte-Geneviève" (Kirche), im Herzen des "Quartier Latin" gelegen, wurde zur Ruhestätte vieler berühmter Männer – sprich "Pantheon" – während im Gegensatz dazu, der Tempel des Ruhms, an dem Napoléon soviel lag, heute die **Eglise de la Madeleine** (Kirche) beherbergt. Kein Wunder auch, daß dieses Bauwerk eher einem griechischen Tempel, als einer gotischen Kirche gleicht. Bezeichnenderweise trägt auch die Stirnseite dieser religiösen Stätte kein Kreuz! Die Liebhaber majestätischer Perspektiven werden bemerken, daß die "Madeleine" in der Fassade des "Palais-Bourbon" ihr Ebenbild findet, zwar ebenfalls griechisch, aber auf der gegenüberliegenden Seite des "Place de la Concorde" gelegen.

7. Das **Palais-Royal**, dessen strenge Schönheit mit einem Hauch von Nostalgie umgeben ist, war nicht immer ein Ort der Ruhe, ja weit davon entfernt ..... Im 18. Jahrhundert gehörte es zu den heißen Orten der Hauptstadt. Dort konnte man ebenso mehr oder weniger billige und schöne Frauen finden, oder sich in den Spielhöllen ausnehmen lassen, aber auch berühmte Persönlichkeiten treffen oder den neuesten Klatsch hören. In diesen Gärten, rief am 13. Juli 1789 Camille Desmoulins das Volk auf, die "Bastille" zu stürmen. Unter diese Arkaden verlegte Louis-Ferdinand Céline die Handlung seines Buches "Mort à Crédit", (Mord auf Kredit), und hier lebten einst der Kardinal Richelieu, Erbauer des Palais, Chamfort, Jean Cocteau und Colette.

8. Die **Rue du Faubourg-Saint-Honoré** steht gleichbedeutend für Politik und Diplomatie; die "Rue Saint-Honoré", auf der anderen Seite der "Rue Royale" gelegen, stand dagegen schon lange vor Molieres Geburt im Jahre 1622 ausschließlich im Zeichen des Handels.

7

8

9. *Aufeinanderfolgende Regierungen machten sich ein Vergnügen daraus, die Statue auf der Spitze der* **Vendôme-Säule,** *die aus den bei Austerlitz den Russen und Österreichern abgenommenen Kanonen gegossen wurde, auszutauschen. Die Kommune von 1871 machte kurzen Prozeß und stürzte die Säule! Der Maler Gustave Courbet, wurde dafür verantwortlich erklärt und dazu verurteilt, die Kosten der Wiedererrichtung zu tragen. Die Säule Napoleons wurde in der Mitte des "Place de Louis XIV" wiederaufgestellt, aber Courbet ging ruiniert aus diesem Abenteuer hervor....*

Das Markthallen-Viertel

Gewöhnlich pflegt man zu sagen, daß Paris keine Stadtmitte, oder vielmehr mehrere besitzt. Sollte man trotzdem das Nervenzentrum benennen an dem alle Wege zusammenlaufen, so zwingt sich einem der Name "Châtelet" auf. Über der Erde kreuzt hier die "Rue de Rivoli" die Nord-Süd-Achse "Sébastopol-Saint-Michel"; unter der Erde verschlingen sich die Metro- und R.E.R.-Linien, die Gänge, Treppen und Laufbänder zu einem unentwirrbaren Geflecht. Im Schatten des "Tour Saint-Jacques", eindrucksvolles Beispiel der Spätgotik und Überrest einer während der Revolution zerstörten Kirche, gewährt der "Place du Châtelet" Zugang zu zwei der ältesten Stadtviertel von Paris, die in der Neuzeitzum Teil zerstört wurden.

Das "Plateau Beaubourg", zu Beginn der 70er Jahre ein in weiten Teilen noch vernachlässigter Stadtbezirk, entsteht heute neu um das "Centre national d'Art et de Culture Georges-Pompidou". Dieser ungewöhnliche Bau rief Begeisterungsstürme bei den einen und Entsetzen bei den anderen hervor. In der Tat ließen seine Architekten Renzo Piano und Richard Rogers nichts aus, um die Gemüter zu erregen; ob nun durch die Verwendung heutiger Baumaterialien wie Stahl und Plastik, durch die sichtbare Anbringung der Rollentreppen, Aufzüge, Lüftungsschächte und anderer funktioneller Bauelemente, oder aber durch die spezifische Farbgebung der einzelnen Funktionselemente.

Wie dem auch sei, niemanden wird dieser Bau unberührt lassen: denn die "Raffinerie", wie ihn die Einwohner ironisch nennen, überrascht, schockiert, verführt. Seit der Eröffnung im Jahre 1977 empfing das "Centre Pompidou" mehrere Millionen Besucher, ja lief dem "Eiffelturm" den Rang ab und bestätigte seinen Ruf als bestes Beispiel der Architektur des ausgehenden 20. Jahrhunderts. Doch sollte die Schale nicht vom Inhalt ablenken, denn ein großer Teil des Erfolgs liegt zweifellos beim "Musée d'Art moderne", den zahlreichen Ausstellungen, die ebenso ein Ereignis darstellen, wie die Bibliothek, die offenste von Paris.

Noch viel erstaunlicher ist jedoch der Wandel des Hallenviertels. Seit 1969 der Großmarkt nach Rungis, in der Nähe des Flughafens Orly, umzog, haben die Baukräne diesen Ort nicht mehr verlassen. Die Hallen Baltards, diese berühmten Regenschirme aus Stahl und Glas, wurden abgetragen, und ein riesiges Loch entstand, das sogar den Hintergrund für einen Western bildete. Das "Forum", sowohl dem Kunst-, als auch dem Geschäftsleben gewidmet, bildet das bescheidene Gegenstück zum "Centre Pompidou", dessen Aufbauten man von der anderen Seite des "Boulevard de Sébastopol" erkennen kann. Die Lastenträger, Fischhändlerinnen und Cafés, in denen man in den frühen Morgenstunden Zwiebelsuppe oder gegrillte Schweinshaxen servierte, gehören jedoch der Legende an. Heute bilden die Mode, die moderne Kunst und die modisch aufgemachten Cafés eine mehr oder weniger einträchtige Nachbarschaft mit den Sex-Shops und Drogenhändlern. Dessen ungeachtet, hat sich die Geschichte nicht ganz zurückgezogen: die "Eglise Saint-Eustache" überstrahlt noch immer die Gewölbebögen des "Forums".

1. Im historischen Kern von Paris gibt es wohl kein besseres Beispiel für den Einbruch des 20. Jahrhunderts als das **Centre Georges-Pompidou**! Diese fremdartigen Formen, angeregt von einer neuen Ästhetik, ziehen in diesem Viertel schmaler Gassen, alter Kirchen und althergebrachter Geschäfte Millionen von neugierigen Besuchern an.

2. Ob mit oder ohne Regenschirm, überholt oder hypermodern, das Hallenviertel gehört zu den belebtesten Orten von ganz Paris. Viele Geschäfte haben sich einer Verjüngungskur unterzogen, wie zum Beispiel das **Café Costes**, gegenüber dem "Fontaine des Innocents" gelegen, das in seiner neuen Aufmachung die Modebewußten von heute, ja sogar von übermorgen zum Verweilen einlädt.

3. Im Schatten des "Tour Saint-Jacques", Überrest einer Kirche, die einst den Pilgern nach Santiago de Compostela zum Treffpunkt diente, liegt der **Place du Châtelet**, der Hauptverkehrsknotenpunkt der Hauptstadt, gerahmt von zwei Theatern.

4. Sind die Pariser scheinen derart landverbunden, daß sie in ihren Wohnungen Hühner, Enten, Truthähne, Kaninchen und anderes Vieh halten, Salate, Büsche und sogar Bäume ziehen? Auf diesen Gedanken kommt man jedenfalls, wenn man am **Quai de la Mégisserie** entlanggeht ...

3

2

4

5. *Saint-Eustache* hat durch die Nachbarschft zum "Forum des Halles" keineswegs an Anziehungskraft verloren, besitzt sie doch nun eine aufgelockertere Umgebung, die sie noch besser zur Geltung bringt, unterstreichen doch die Bögen aus Stahl und Glas nur umso besser die grandiose Silhouette der Kirche Molières, La Fontaines, Mirabeaus und Colberts.

6. Um Ludwig XIV. zu gefallen, gab der Herzog La Feuillade ein Standbild seines Königs in Auftrag, veranlaßte aber gleichzeitig den Bau eines großen Platzes, um ihm einen gebührenden Standort zu geben. Der **Place des Victoires**, von Jules Hardouin-Mansart gestaltet, gilt heute als gelungenes Beispiel klassischen Städtebaus. Der Platz hat bis heute nichts von seiner Eleganz verloren, umgeben ihn die großen Häuser der "Haute Couture".

7. Obwohl die Aufbauten des **Forum des Halles** keineswegs unbeachtet bleiben, bilden sie trotzdem nur den sichtbaren Teil des Eisberges. Denn unter der Oberfläche befindet sich eine wahre Stadt mit Straßen, Metro- und R.E.R.-Stationen, Geschäften, Kinos, Restaurants den Museen "Grévin" und de "l'Horlographie" wie dem großen Innenhof ("Place Basse") mit seinen zeitgenössischen Plastiken.

6

5

7

8. Das **Centre Georges-Pompidou** wollte mit der herkömmlichen Vorstellung von einem Museum brechen; deshalb vereinigt es auch unter seinem Dach klassische Ausstellungsgalerien mit Werkstätten, eine Cinémathèque, eine Bibliothek und sogar ein Institut für Musik- und Akustik-forschung (I.R.C.A.M.). Auf der Terasse des I.R.C.A.M. haben Jean Tinguely und Niki de Saint-Phalle ein Skulpturen-Ensemble für die "Fontaine de Stravinsky" geschaffen.

9. Der Erfolg des neuen Zentrums verwandelte den Vorplatz, **Plateau Beaubourg**, in eine große Spielwiese, auf der Musikanten, Feuerschlucker und Jongleure in frischer Luft ihre Nummern darbieten.

8

9

10. Im Norden des "Beaubourg" liegt das von Kunstschätzen überfließende **Musée national des Technique** (Technisches Museum). Dort entdeckt man außergewöhnliche Maschinen – die ersten Flugzeuge, den Holzwagen von Cugnot – Automaten, merkwürdige Photoapparate und unter den wunderschönen Uhrwerken, das Himmelsgewölbe von Burgi mit seinem fortlaufenden Kalender.

11. Die **Eglise Saint-Merri**, ein Juwel der Spätgotik, verdankt ihre Berühmtheit ihrer Orgel, einem großartigen Instrument aus dem 17. Jahrhundert, auf der schon Saint-Saëns spielte und die auch heute noch zahlreiche Musikliebhaber anlockt. Zum großen Bedauern der Puristen wurde im Inneren, vor allem im Chor, während des 18. Jahrhunderts die als überholt empfundene Gotik durch das Barock ersetzt!

12. Mit dem Bau des "Centre Georges-Pompidou" fand das ganze umliegende Viertel eine zweite Jugend. Nichts mehr ist von den Slums und verwahrlosten Gassen zu sehen, die Fassaden sind renoviert und selbst der Wohnungsknappheit setzte man mit Augentäuschungen ein Ende.

13. Die zwischen dem "Centre Georges-Pompidou" und der "Eglise Saint-Merri" gelegene **Fontaine Stravinsky** verbindet zwei Welten und zwei Epochen. Die Skulpturen der Französin Niki de Saint-Phalle und des Schweizers Jean Tinguely beschwören in ihrem hypermodernen und farbenfrohen Stil den Einfallsreichtum und die Lebensfreude eines Viertels, das schon immer die Heimat der Minnesänger, Spielmänner und fahrenden Musikanten des Mittelalters gewesen war. Im Spannungsfeld von gotischer Kunst und zeitgenössischer Architektur schaffen die Bizarrheit der Formen und die Lebendigkeit der Farben ein Reich der Kindheit.

Der Eiffelturm und seine Umgebung

1

"Paris, das ist doch der Eiffelturm mit seiner in den Himmel strebenden Spitze", so sang einst Maurice Chevalier. Und würde man einen Bewohner der Anden oder des Himalaya fragen, welches Bild er mit der Hauptstadt Frankreichs verbinde, so käme sicherlich neun- von zehnmal die Antwort: den berühmten Turm von Gustave Eiffel!

Zwei Jahre reichten den 300 Monteuren, um die 12 000 Metallteile des Gerüstes mittels 2 500 000 Nieten zusammenzusetzen, so daß auch die Einweihung zum vorgesehenen Zeitpunkt, der Weltausstellung von 1889, stattfinden konnte. Anfänglich rief diese ungewöhnliche architektonische Schöpfung alles andere als Begeisterungsstürme hervor; 300 namhafte Persönlichkeiten, unter ihnen Maupassant und Verlaine — der immer einen Umweg nahm, um den Turm nicht zu sehen — unterzeichneten ein Manifest, um gegen dieses nutzlose und abscheuliche Bauwerk zu protestieren. Aber die weltweite Bewunderung für dieses technische Meisterwerk verwandelte sich bald in eine fast paetische verehrung: man vers stand bald daß der Eifelturm künftig ein wesentlicher Bestandteil des Himmels der Hauptstadt sein würde. Die Maler nahmen ihn ebenso zur Vorlage, wie die Filmregisseure, und Jean Cocteau sollte ausrufen: "Der Eiffelturm gehört genauso zu einer Welt wie Notre-Dame. Er ist Notre-Dame des linken Ufers. Er ist der König von Paris!"

Seit 1889 machten die Touristen aus dem "Eiffelturm", dieser Pyramide der Neuzeit, eines der zwei oder drei meistbesuchten Denkmäler der Welt. Wird er denn nicht täglich von der Einwohnerzahl einer Kleinstadt besucht? Was wäre ein Paris-Aufenthalt ohne die Besteigung des Turm mit seinem beindruckenden Panorama. Mit seiner Wetterwarte, seinem 180 km-weitreichenden Leuchtfeuer, mit seiner Radio- und Fernsehrelaisstation, seinen Restaurants und seinem Museum muß der Turm sich heute nicht mehr dem Vorwurf der Nutzlosigkeit aussetzen! Grund übrigens auch für seine sorgfältige Pflege: alle sieben Jahre braucht man die Kleinigkeit von 7 Tonnen Farbe, um ihn jugendlich frisch zu halten.

Der "Eiffelturm" gewinnt noch mehr an Anziehungskraft, da seine Umgebung besonders zur schönen Jahreszeit einen anmutigen Hintergrund bildet. Auf dem linken Seine-Ufer erstreckt sich auf 21 Hektar, bishin zur "Ecole militaire" (Militärschule), das "Champ-de-Mars" auf dem manchmal noch einige Kavalleristen ausreiten. Auf dem rechten Ufer überragt das "Palais de Chaillot" die Gärten des "Trocadéro". Hier befinden sich auch das "Musée de l'Homme" (Völkerkunde-Museum), das "Musée de la Marine" (Marine-Museum), bekannt für seine hervorragenden Modelle und die "Cinémathèque" (Filmmuseum). Auf der großen Freiterrasse des "Trocadéro" fehlt es nie an Unterhaltung: Rollschuhläufer, Break-Dancer und andere Akrobaten geben sich hier ein Stelldichein.

1. Ob zu Zeiten der Klassik, des Barocks oder der Neuzeit, immer schon waren die Pariser Städteplaner von einer fixen Idee besessen: nämlich der Leidenschaft für Fluchtlinien. Wenn der Stier von **Jouve** von seinem Standort des "Palais de Chaillot" aus den "Eiffelturm" betrachtet, so sieht er gleichzeitig unter dessen Stützpfeilern die rechteckige Silhouette des "Tour Montparnasse".

2. & 3. Der **Eiffelturm** läßt sich nur mit Zahlen beschreiben: die 1. Etage befindet sich in 57 m Höhe, die 2. Etage in 115 m Höhe, die 3. Etage in 274 m Höhe (hier richtete sich Gustave Eiffel auch eine kleine Wohnung ein), und die Aufbauten der Fernsehanlagen reichen bis in knapp 321 m Höhe. Der Turm, am äußersten Ende des "Champ-de-Mars" gelegen, bietet eines der schönsten Panoramas der Welt. Bei besonders klarem Wetter kann das Auge des Besuchers über den Großraum Paris hinweg bis in 67 km Entfernung schweifen. Vor allem aber ist der Turm ein wesentlicher Bestandteil des Stadtbildes. Er bildet hier den Hintergrund für die Knirpse der "Pont Alexandre III."

4. *1937 wurde das "Palais de Tokyo" erbaut. In dessen Flügel findet sich das* **Musée d'Art moderne de la ville de Paris** *(Städtisches Museum für Moderne Künste).*

5. *Jede neue Weltausstellung bot Gelegenheit zur Errichtung einiger Bauwerke, die die Stadt fortdauernd verschönern sollten: so 1889 mit dem "Eiffelturm", 1900 mit dem "Grand Palais" und dem "Petit Palais" und schließlich 1937 mit dem* **Palais de Tokyo** *und dem* **Palais de Chaillot**. *Letzteres liegt dem "Eiffelturm" gegenüber und wird nur durch die "Pont d'Iéna" von ihm getrennt. Täglich finden sich hier Tausende von Besuchern ein, angezogen von den wunderbaren afrikanischen und asiatischen Trachten des "Musée de l'Homme" (Völkerkunde-Museum), oder den Fregatten und Galeeren des "Musée de la Marine" (Marine-Museum), aber auch von den Blumenanlagen und Wasserspielen der "Gärten des Trocadéro".*

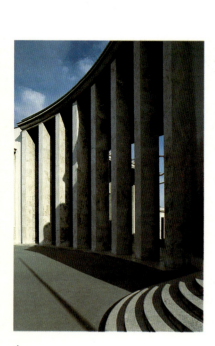

4

5

6

6. **Das Théâtre national de Chaillot**, völlig unter der Erde gelegen, gelangte unter Jean Vilar und Gérard Philipe, der hier die Rolle des Cid El verkörperte, zu legendärem Ruhm. Am Fuße der großen Freiterrasse, gleich gegenüber dem Theatereingang, erstreckt sich das große Wasserbecken, das sich ausruht, wenn es des Spielens mit Wasser und Licht müde ist.

7. Müssen auch die Poeten auf ihren morgendlichen Besuch des **Eiffelturms** verzichten – er ist erst ab 10 Uhr geöffnet – so bleibt ihnen doch der volle Genuß des Sonnenuntergangs. Es gibt kein eindrucksvolleres Schauspiel, als diesen feuerroten Himmel, gepaart mit dem langsam in die Dunkelheit tauchenden Pariser Westen und den sich in der Ferne abzeichnenden Türmen der "Defense".

7

8

8. Die Ecole militaire (Miliärakademia), Frontalansicht. Die vier Figuren die die Fassade Schmücken, die dem "Champ-de-Mars" zugewandt ist, stellen die Kraft, den Frieden, Frankreich und den Sieg dar. Fehlt nur noch "der Dank" an die Marquise de Pompidour, die den Bau dieser Akademie veranlaßte. Ihr Architekt Gabriel wußte gekonnt militärische Strenge und klassische Eleganz zu vereinen. Hier war auch Napoléon Bonaparte mit fünfzehn Jahren Schüler, hier unterrichtete auch Foch die hohe Kunst der Kriegsführung und Marschall Joffre sitzt weiterhin stolz vor dem Hauptportal zu Pferde. Auf den Gehsteigen der "Avenue de La Motte-Picquet" kreuzen wieder zu Schülern gewordene Offiziere den Weg der Touristen, die wissen, daß sich hier eine ideale Perspektive für ein Photo des "Eiffelturms" bietet.

9. Zur Gartenseite hin folgt die "Ecole militaire" einer strengen Gesetzmäßigkeit. Bei soviel Pracht hat man richtig Mühe, sich vorzustellen, daß Ludwig XIV. diese Akademie dazu gründete, 500 verarmten Männern von Stand die Möglichkeit zu geben, sich für das Kriegshandwerk auszubilden!

9

10. 1963 machten die verdutzten Pariser die Entdeckung der futuristisch anmutenden Architektur des **Maison de la Radio** (Funkhaus), eine Krone von 500 m Umfang umringt einen Turm von 70 m Höhe. Henri Bernard Wollte ihn eigentlich viel höher bauen, aber die Genehmigung wurde ihm verweigert.

11. Mit Feder, Tinte und Kaffee, seinen einzigen Gesellschaftern, verbrachte **Balzac** die meisten seiner Nächte in diesem Haus der "Rue Raynouard, 47". Mitten im 16. Stadtbezirk gelegen, doch von ländlicher Atmosphäre umgeben, ist dieses Haus das letzte noch existierende der früheren elf Häuser, die der große Schriftsteller bewohnten. Das kleine Museum in seinem Inneren erinnert liebevoll an den Künstler und die von ihm geschaffene Welt.

12. Wie ein riesiger Tannenbaum, so verwandelt sich der **Eiffelturm** zum 14. Juli in eine kolossale Rakete.

10

11

12

Les Invalides und Saint-Germain-des-Prés

Welche Gemeinsamkeiten mag es zwischen dem militärischen Prunk des "Hôtel des Invalides", dem Aufgebot an C.R.S-Einheiten, die die Zugänge zu den Ministerien bewachen, dem Verkauf von Bibeln, Kruzifixen und religiösen Bildchen um die "Eglise Saint-Sulpice" und den "Intellektuellen"-Cafés von "Saint-Germain-des-Prés" geben? Auf den ersten Blick lassen sich keine Gemeinsamkeiten erkennen, außer daß all diese so ungleichen Orte in einem der schönsten Stadtviertel von Paris liegen. Zwischen den majestätischen Perspektiven der "Esplanade des Invalides" und dem jugendlichen Charme des "Quartier Latins" bildet das vornehme "Faubourg Saint-Germain-des-Prés" eine Welt für sich, wo sich Luxus und Reichtum hinter oft stolzen Fassaden verbergen. Umso reicher wird aber belohnt, wer sich die Zeit nimmt, hinter diese Außenseite zu blicken.

Die Geschichte ist, wie überall in Paris, auch hier nicht zu übersehen. Mit Ausnahme von "Versailles" gibt es kein anderes Bauwerk, das besser das Zeitalter Ludwigs XIV. verkörpert, als das wahrhaft königliche "Hôtel des Invalides". Seine strenge Würde entspricht durchaus seiner Funktion, den alten Soldaten, verwundet auf den Kriegsschauplätzen in ganz Europa, eine Bleibe zu geben. Das "Musée de l'Armée" (Heeresgeschichtliche Museum) zieht natürlich all die an, die sich für Geräte begeistern können, die menschliches Fleisch schnitten, stachen, durchbohrten, zerstückelten oder zerrissen – dank des Einfallsreichtums aller Rassen und aller Epochen. Aber auch Besucher mit viel friedlicheren Veranlagungen kommen hier auf ihre Kosten, finden sie doch dort herrliche Standarten und Rüstungen, und die Nostalgiker werden gerührt durch den Anblick der persönlichen Utensilien Napoleons. Diesen Kleidern, Hüten, diesem Zelt aus der Zeit seiner Feldzüge gelingt ein besseres Gedenken an den Kaiser, als dem kalten Grabmal aus Porphyr, der sich in der Krypta des "Invalidendoms" befindet. Hardouin-Mansart, einer der Architekten von "Versailles", schuf diese Kirche, die unbestreitbar eines der Meisterwerke französischer Kirchenbaukunst darstellt. Geschichte wird aber auch weiterhin im "Faubourg Saint-Germain" geschrieben: ob nun im "Hôtel Matignon" des Premierministers, oder in den Herrschaftshäusern der "Rue de Varenne" und "Rue de Grenelle", heute Sitz vieler Ministerien und Botschaften, oder aber in dem weitläufigen "UNESCO-Komplex" mit seinen Vertretern aus aller Welt.

Auch die Kunst kommt nicht zu kurz: so im "Institut", dem Sitz der "Académie francaise", im "Musée d'Orsay", einem Nebengebäude des "Louvre" aus dem 19. Jahrhundert oder im "Musée Rodin", das sich dadurch auszeichnet, daß die Werke des großen Bildhauers in dem Rahmen gezeigt werden, in dem der Meister selbst zwischen 1908 und 1917 lebte. In "Saint-Germain-des-Prés" treffen sich die Schriftsteller von heute in der "Brasserie Lipp", die aus den "Drugstores" Kommenden Nachtmenschen schlendern im Schatten der mittelalterlichen Abtei, und die Gäste des "Flor" und "Deux-Magots" ehren diskret Sartre, Simone de Beauvoir und Boris Vian ...

1. Das **Hôtel des Invalides** sollte man von der Seine her aufsuchen, denn, um die 200 Meter breite Fassade gebührend bewundern zu können, gebraucht es tatsächlich eines gewissen Abstandes. Und dies erfüllt vorzüglich die wirklich majestätische "Esplanade", vergleichbar einem Schachbrett, aus dem die geteerten Straßen rechteckige Rasenflächen, mit silbrigen Lindenbäumen bestückt, herausschneiden. Im Giebelfeld des Hauptportals thront, wie es sich gehört, Ludwig XIV., der dieses weitläufige königliche Bauwerk für seine amputierten Soldaten errichten ließ. Das "Hôtel des Invalides" erhielt Kürzlich nach umfangreichen Renovierungsarbeiten, wieder sein ursprüngliches Gesicht.

2. Frankreich konnte seinen Kaiser nicht auf einer einsamen Insel im Atlantik lassen. 1840, nach dem sich die Gemüter beruhigt hatten, überführte die Fregatte "Belle Poule" die sterbliche Hülle Napoleons nach Paris, das ihr einen triumphalen Empfang bereitete. Für diesen außergewöhnlichen Mann bedurfte es auch eines außerordentliche **Grabmal**. So entwarf Visconti im Jahre 1843 dieses auf grünem Granit aus den Vogesen ruhende, prunkvolle Denkmal aus finnländischem Porphyr.

3. Jules Hardouin-Mansart erbaute zwischen 1679 und 1706 diese 110 Meter hohe Kuppel, die den **Invalidendom** überspannt. Dieses vertikal konzipierte Meisterwerk krönt die gesamte, aufwärtsstrebende Architektur.

2

3

67

4. Im Jahre 1347, während des Hundertjährigen Krieges, boten Eustache de Saint-Pierre und fünf andere Bürger von Calais König Edward III. von England ihr Leben an, wenn er die Stadt und seine Bewohner verschone. Zur Erinnerung an dieses berühmte Ereignis schuf Auguste Rodin eines seiner eindrucksvollsten Werke. Das Original befindet sich in Calais, aber das **Rodin-Museum** besitzt die Studien und Modelle dieser kolossalen Bronzearbeit. Die Modelle sind im schönen Garten des Museums ausgestellt.

5. Das **UNESCO-Gebäude** typisch für die Architektur der 50er Jahre, gehört aber auch zu den Pilgerorten der zeitgenössischen Kunst, schmücken doch Skulpturen und Plastiken von Calder, Miró und Henry Moore den großen Innenhof.

6. "Le Penseur" (der Denker), "L'Age d'airain" (das eherne Zeitalter), "Balzac" und "La Porte de l'Enfer" (das Höllentor) sind nur einige der Arbeiten, die den Ruf **Rodins** begründeten, einer der ausdruckskräftigsten und kühnsten Künstler in der Geschichte der Bildhauerei zu sein. Doch auch die weibliche Anmut bildete ihm eine konstante Quelle der Inspiration. Die Frau ist in diesem charmanten Herrschaftshaus, das das "Musée Rodin" beherbergt, allgegenwärtig, ob nun gequält wie "Eve" (Eva) im Garten, leidenschaftlich wie die Schöne des "Baiser" (Kusses) oder aber verführerisch wie dieses junge Mädchen mit dem Blumenhut.

7. Die Meisterwerke des Impressionismus haben das "Jeu de Paume" verlassen und sind in das geräumigere **Musée d'Orsay** umgezogen. Unter den Bildern, die den Weg über die Seine genommen haben, befindet sich auch das berühmte "Déjeuner sur l'herbe" (Frühstück im Grünen) von Edouard Manet, das anläßlich seiner Erstausstellung im Jahre 1862 zu allgemeiner Empörung Anlaß gab. Leichtbekleidete Frauen zwischen Herren in schwarzen Gehröcken galt vielen Zeitgenossen als der Gipfel der Verderbtheit.

8. Der alte **Gare d'Orsay** (Bahnhof), der diversen Zwecken diente, unter anderem als Theater, stellt heute die Verbindung zwischen "Louvre" und "Centre Georges-Pompidou" her. Dank der Umgestaltung durch Gae Aulenti, hat endlich auch die Kunst der 2. Hälfte des 19. Jahrhunderts und des Anfangs des 20. Jahrhunderts einen ihr angemessenen Rahmen erhalten.

9. Bleibt die Frage, ob die Küche des Museumsrestaurants der herrlichen Decke von **Gabriel Ferrier** in nichts nachsteht.

8

7

9

10. Das Schicksal Frankreichs entscheidet sich häufiger in den Büros des "Elysée", als im Halbrund der Nationalversammlung. Doch vom ästhetischen Standpunkt aus besitzt das **Palais Bourbon** eine nicht zu leugnende Bedeutung. Es bindet doch die "Pont de la Concorde", den Platz gleichen Namens und die "Rue Royale" das ebenfalls griechisch beeinflußte Gegenstück zur "Eglise de la Madeleine". Im Inneren des "Palais Bourbon" kann man außer den Abgeordneten auch einige Gemälde von Eugène Delacroix bewundern, aber nur nach schriftlicher Anfrage.

11. Auf der anderen Seite der "Point des Arts", einer hübschen, den Fußgängern vorbehaltenen Metallkonstruktion, liegt die berühmte Kuppel des **Instituts**, der alte Palast von Mazarin, unter der die 40 Unsterblichen der "Académie francaise" an ihrem Wörterbuch arbeiten.

10

11

12. Den **Place Saint-Sulpice**, auf dem jedes Jahr im Juni ein Trödelmarkt stattfindet, schmückt nach römischer Art ein gewaltiger Brunnen, die "Fontaines des Quatre-Evêques". Visconti, der Architekt des Grabmals von Napoleon, gedenkt hier Fénelons, Bossuets und zweier anderer Prediger, und das in einem Stadtviertel, das von jeher dem Handel mit religiösen Büchern und Objekten zugetan war.

13. **Saint-Sulpice** eine der bedeutesten Klassischen Kirchen in Paris benötigte zur Fertigstellung sechs Architekten (1646 – 1778). Der Einfluß der griechischen Kunst und Palladios läßt sich deutlich im Inneren der Kirche, die mehr einem Museum gleicht, ablesen. Pigalle, Bouchardon und Van Loo werden vom Hauptvertreter der romantischen Schule, Eugène Delacroix verdrängt, dessen "Lutte de Jacob avec l'Ange" (Jakobs Kampf mit dem Engel) schon Baudelaire in den Bann zog.

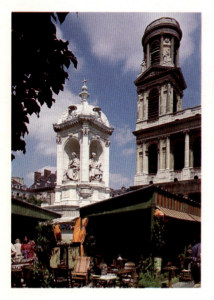

14. Die Cafés von **Saint-Germain-des-Prés** sind zu einer wahren Institution geworden: "Le Flore", "Les Deux-Magots" und die "Brasserie Lipp" wurden und werden heute noch immer von zahlreichen Künstlern und Schriftstellern aufgesucht. Der Existentialismus gelangte, wie allgemein bekannt, zu seinem Ruhm dank der sonnigen Terrassen, auf denen Jean-Paul Sartre, Simone de Beauvoir, Boris Vian, Raymond Queneau und viele andere große Geister ihre Stunden verbrachten.

15. Der Schatten von Delacroix ruht noch immer auf dem kleinen, entzükkenden **Place de Fürstenberg**, einer wahrhaft ländlichen Ecke im Herzen von Paris, befand sich doch sein Atelier im Haus Nr. 6 der schmalen Gasse, die zur "Rue Jacob" führt.

16. **Saint-Germain-des-Prés**, Viertel der Vergnügen und literarischen Diskussionen, wird seit fast einem Jahrtausend von dem Glockenturm seiner romanischen Abtei überragt.

15

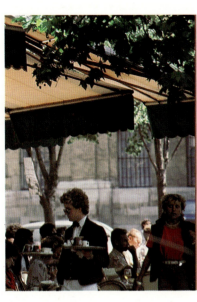
14

16

Das Marais

Das Schicksal des "Marais" war derart wechselhaft, daß nur noch Bescheidenheit die angemessene Reaktion auf dieses Schwanken zwischen Größe und Abgrund sein kann. Ursprünglich gab es dort nichts, oder fast gar nichts: das heißt, ein weites sumpfiges und ungesundes Gelände, wie der Name "Marais" schon nahelegt, durchzogen von einem der Nebenarme der Seine. Weiter unten zu beginnen, ist wohl schwerlich möglich. Im 13. Jahrhundert tauchten dann die ersten Gemüsegärten auf und im 14. Jahrhundert die ersten Bauten. Karl VI., bekannt für seinen prekären Geisteszustand, ließ dort sogar einen Tiergarten einrichten, an den noch heute der Name der "Rue des Lions-Saint-Paul" erinnert.

Die große Wende kam unter Heinrich IV. mit dem Bau des "Place Royale", dem heutigen "Place des Vosges", einem Meisterwerk dreifarbiger Symmetrie: blauer Schiefer, weißer Stein und roter Ziegel. Zu Beginn des 17. Jahrhunderts kam das "Marais" in Mode. Ob nun feder-geschmückte Herren, Koketten, Musketiere, Dichter oder all die, die etwas auf sich hielten, keiner wollte anderswo leben, plaudern, tanzen oder sich duellieren, als an diesem den Königen und Göttern geweihten Ort. Während d'Artagnan, Porthos, Athos und Aramis schnell zwischen zwei Gelagen das Königreich retteten, schoßen die Herrenhäuser wie Pilze aus dem Boden.

Aber jede Jugend geht einmal zu Ende, und dies war auch für das "Marais" der Fall, als der Hof dem Sonnenkönig nach Versailles folgte und viele Adelige ins "Faubourg Saint-Germain" übersiedelten, wo neuerdings der Mann von Welt und Geschmack sein Domizil aufschlug. Die Stürmung der "Bastille", am äußersten östlichen Ende dieses Viertels gelegen, war auch gleichzeitig der Todesstoß für diesen Stadtteil. Alles was noch Rang und Namen hatte und vielleicht auch gutgefüllte Geldbeutel, floh aus dem "Marais" in friedlichere Gegenden. Zwischen der Revolution und dem Beginn der 60er Jahre verfiel das "Marais" fast völlig. Werkstätten und kleine Geschäfte hielten in die Herrenhäuser Einzug. Die Holztäfelungen verfaulten, die Schieferplatten fielen von den Dächern, die Skulpturen wurden beschädigt und Wände herausgerissen. Schmutz und Verfall nahmen derart überhand, daß Stimmen laut wurden, die die Einebnung des gesamten Viertel verlangten.

Doch nun erhoben sich auch Gegenstimmen: wie könnte man es wagen ein solches Schatzkästchen nationalen Erbes kaltblütig zu zerstören? Die Stadt Paris, der Staat — in Person von André Malraux — Wohnbaugesellschaften, aber auch einfache Bürger gingen daran, das älteste Stadtviertel von Paris zu retten. Zwanzig Jahre größter Anstrengungen haben schon vieles zuwege gebracht, aber bei einem Streifzug wird man immer noch gewahr, daß noch unendlich viel zu tun bleibt. Doch das Wichtigste ist, daß das "Marais" wieder auflebt. Neben den Museen und den in ihrer ursprünglichen Pracht wiederhergestellten Herrschaftshäusern gibt es schon eine Reihe von Indizien, die zeigen, daß wieder Leben in den Adern dieses Viertels fließt. Café-Theater, zahlreiche Läden, Kunstgalerien und Appartementhäuser zeugen davon, daß das "Marais" nicht nur das Leben einer Museumsstadt fristet.

2

1. Zwischen dem "Hôtel de Ville" (Rathaus) und der "Bastille" liegt das alte aristokratische Viertel des **Marais**, das Zentrum des künstlerischen Lebens und der politischen Intrigen zur Zeit Heinrichs IV., Ludwigs XIII. und zu Beginn der Regierungszeit Ludwigs XIV. Die bedeutendste architektonische Einheit bildet der frühere "Place Royale", heute "Place des Vosges", der zu seinen berühmten Gäten unter anderem Richelieu, Madame de Sévigné und Victor Hugo zählen kann.

2. und 3. Das **Hôtel de Ville** hat für die bürgerliche Architektur die gleiche Bedeutung, wie "Sacré-Coeur" für die religiöse. Der Pomp seiner Renaissance-Dritte Republik-Dekoration findet allgemein nicht die Begeisterung der Besucher. Von einem "Bateau Mouche" aus gesehen, gewinnt das "Hôtel de Ville", wie viele andere Bauwerke, an Ausstrahlung und Harmonie.

3

4. Kein Ort eignet sich besser zu einem Bummel durch die Antiquitätenläden oder zu einem großen Essen im Stile Ludwigs XIV., als die Arkaden des **Place des Vosges**!

5. Das **Hôtel Carnavalet** verdankt ebenso wie das "Hôtel Salé", seinen Namen der Spottlust der Pariser. Hier handelt es sich um ein Wortspiel mit dem Namen Kernevenoy, einem der Besitzer dieses Hauses. Die Fassade mit den Statuen der Vier Jahreszeiten bildet den idealen Renaissance-Hintergrund für die majestätische Statue Ludwigs XIV. von Coysevox.

6. Das **Hôtel Carnavalet** erfuhr im 17. Jahrhundert eine beträchtliche Erweiterung und übernahm 1880 einen Teil der **historischen Sammlung der** Stadt Paris. Dank dieses herrlichen Museums kann man die Spuren der Vergangenheit verfolgen und sich in die Zeiten Franz I. oder Napoleons zurückversetzen. Unter den wichtigsten Kleinoden finden sich der Geldbeutel und die Bartschale von Robespierre, eine Sammlung von Guillotinen in Miniaturausgabe, handgeschriebene Briefe der Madame de Sévigné und Alltagsgegenstände, die von Ludwig XVI. und Marie-Antionette im Gefängnis benutzt wurden.

7

7. Die "Caisse national des Monuments historiques" (Zentralamt für Denkmalschutz) brauchte einen würdigen Rahmen und fand im **Hôtel Sully** den geeigneten Ort für diese Institution, die sich um den Erhalt des geschichtlichen Erbes Frankreichs kümmert. Das "Hôtel" wurde im 17. Jahrhundert erbaut und gehörte einem ehemaligen Minister Heinrichs IV., der einst mit der Devise: "Pflug und Weide sind die Ernährerin Frankreichs", das Land wiederaufrichtete.

8. Das **Hôtel de Sens**, dessen Türmchen an eine mittelalterliche Burg mitten in Paris erinnern, hat schon die unterschiedlichsten und merkwürdigsten Bewohner und Besitzer erlebt. Da war zum Beispiel Monseigneur de Pellevé, ein fanatischer Protestantenhasser, der gerade an dem Tag einem Schlaganfall erlag, als Heinrich IV. in Paris einzog; oder die Königin Margot, die dieses Haus zur Bühne amouröser und manchmal auch mörderischer Intrigen machte; weiterhin Wäscherinnen und Marmeladenhersteller. Ebenso beherbergte·es die Postkutschenstation des "Courrier de Lyon", der so oft überfallen wurde, daß die Reisenden jedesmal vor Reiseantritt ihr Testament verfaßten. Schließlich sah es noch den italienischen Schriftsteller Gabriele D'Annunzio, der hier "Das Leiden des Heiligen Sebastian" verfaßte.

8

9. Die Pariser tauften die reich ausgestattete Residenz Pierre Auberts de Fontenay **Hôtel Salé**, da dieser das Amt des Generalpächters der Salzbehörde innehatte, und somit verantwortlich für die Erhebung der Salzsteuer war. 1985 zog das **Musée Picasso** in diese Mauern ein, und zeigt seinen Besuchern eine außerordentliche Sammlung von Gemälden, Stichen, Keramiken, Skulpturen und Zeichnungen des spanischen Meisters, sowie Arbeiten von Cézanne, Matisse, Miró und Douanier Rousseau, die zu seiner Privatsammlung gehörten.

10. Polizisten im Kloster. Das Kloster der Célestins gehört heute zu den Kasernen der **Republikanischen Garde**, die stolz ihre kupfernen, mit rotem Federbausch geschmückten Helme und ihre schwarzen Umhänge mit den goldnen Epauletten zur Schau tragen.

11. Der "Gare de Lyon" (Bahnhof) muß völlig renoviert werden, doch das Restaurant **Train Bleu** wird weiterhin Zeugnis von der Architektur der Jahrhundertwende ablegen. Dieser "Tempel der Gastronomie" wird von 45 Gemälden geschmückt, die all die großen Städte zeigen, die einst von der Linie Paris-Lyon-Mittelmeer bedient wurden. Im Laufe der Zeit überzog ein nostalgisches Flair diesen Ort pompösen Barocks.

12. Das Gefängnis an der "Bastille" ist verschwunden, dafür aber steht eine 47 Meter hohe Säule, gekrönt vom **Genius der Freiheit**, heute Treffpunkt aller Motorradfahrer der Region Paris.

10

11

12

Der Jardin des Plantes und Montparnasse

Einige Besucher finden den "Foubourg Saint-Germain" zu kalt und das "Quartier Latin" zu heiß. Man könnte wetten, daß diese schwierigen Zeitgenossen die ideale Temperatur in den Randbereichen des 5. und 6. Stadtbezirks finden, das heißt in dem Stadtbereich der zwischen den Bahnhöfen "Grace d'Austerlitz" und "Gare Montparnasse" liegt. Denn tatsächlich findet man hier schmale, fast ländlich anmutende Gassen neben belebten Hauptverkehrswegen, das Tages- und Nachtleben in Nachbarschaft mit den Inseln der Ruhe.

Der "Jardin des Plantes" (Botanische Garten) ist eine Art Freiluftmuseum, was die Luftverschmutzung aber nicht ausschließt. Seit 350 Jahren haben hier alle namhaften französischen Botaniker gearbeitet. Hier findet man die Häuser von Buffon und de Cuvier, hier verliert man sich in den unter Ludwig XIII. angelegten Irrgärten, hier empfindet man lebhaft die verflossene Zeit beim Anblick der von Jussieu 1734 gepflanzten Libanon-Zeder, der zwei von Tournefort 1702 gepflanzten Ahornbäumen aus Kreta, oder aber des Querschnitts eines 2000 Jahre alten Mammutbaumes. Die Tierliebhaber kommen im Zoo mit seinem Vivarium, Reptilien, Raubtiergehege, Vogelgehege, Affenhaus oder Bärenzwinger, usw auf ihre Kosten. Die Pflanzenliebhaber finden ihr Vergnügen in den Steingärten, fröstelnde Naturen finden Zuflucht in den herrlichen Treibhäusern, und was die Poeten angeht, so lassen die sich von der teilweise ältlichen Atmosphäre einfangen, die zu Gunsten des Alters aber auch zu Ungunsten des fehlenden Geldes geht.

Tritt man aus dem "Jardin des Plantes", hat man die Wahl zwischen Römern oder Moslems. Der Schatten der ersteren liegt noch immer über den "Arenen von Lutetia", trotz umfangreicher Restaurierungsarbeiten; mit ein bißchen Vorstellungskraft könnte man ja die Pétanques-Spieler in Gladiatoren oder christliche Märtyrer verwandeln. Die Moslems findet man auch heute noch in der Moschee. In diesem in den 20er Jahren errichteten Bauwerk, das vor allem dem moslemischen Kult dient, läßt sich aber auch eine Tasse Kaffee oder ein Glas Pfefferminztee kosten — doch kein Alkohol. Ein paar Schritte von hier liegt die "Rue Mouffetard", die vom "Place de la Contrescarpe" ihren Ausgang nimmt und leicht zur "Eglise Saint-Médard" hin ansteigt. Seit den Zeiten des Mittelalters sind hier Gemüsehändler und Fleischer, Käse- und Fischhändler zuhause. Während der letzten Jahre erhielten sie Gesellschaft von Orient-Läden, Souvenirgeschäften und griechischen Restaurants. Schon allein diese Mischung von Farben und Düften lohnt einen Umweg.

Literaturliebhaber sollten als nächstes auf jeden Fall der "Closerie des Lilas" einen Besuch abstatten, denn hier finden sie fast gewiß die Schriftsteller, die "Lipp" und "Saint-Germain" aufgegeben haben. Schließlich gelangt man zum Montparnasse, einem der populärsten Viertel der Stadt. In diesem "Montmartre des linken Ufers" gehören zwar die Namen von Modigliani, Utrillo, Douanier Rousseau, Chagall und Matisse schon längst der Vergangenheit an, aber die Restaurants und Nachtclubs zu Füßen des Turms sind bis spät in die Nacht zum Bersten gefüllt.

1. Ob Kaviar oder Würstchen, Spargel oder Rüben, Austern oder Pflaumenkuchen, auf dem malerischen alten Marktplatz der **Rue Mouffetard** findet sich etwas für jeden Geschmack und jeden Geldbeutel. Viele kommen auch hier her, nicht weil sie von Hunger geplagt werden, sondern um sich an dem farbenfrohen Überfluß des Marktes zu erfreuen. Photographen und Maler können dieser subtilen Kombination aus Kirschrot, Zitronengelb, Spinatgrün und Marzipan nicht widerstehen.

2. und 3. Der **Jardin des Plantes** lädt sommers wie winters zu einem erholsamen, aber auch lehrreichen Spaziergang ein. Streicht eiskalter Wind durch die Stein und Irrgärten, bieten die erst kürzlich erbauten Treibhäuser dem Besucher ihre reichhaltige Sammlung exotischer Pflanzen, und ihre tropische Schwüle vermittelt einem fast den Eindruck, sich einige tausend Kilometer entfernt zu befinden.

4. In der Verlängerung des **Palais du Luxembourg**, zwischen einer zweireihigen Kastanienallee, befindet sich die "Fontaine de l'Observatoire", ein 1875 errichteter Brunnen. Geschmückt wird er von den berühmten "Cinq Parties du Monde" (die fünf Erdteile), die ebenso wie die "Drei Musketiere" aber immer die Zahl Vier verkörpern, was auf den dem berühmten Meister eigenen Gleichgewichtssinn zurückzuführen ist. Der Erdball, der sonst den unglücklichen Atlas fast erdrückt, erscheint hier viel leichter.

5. Als Ludwig XIV. und Colbert 1667 den Bau des **Observatoire de Paris** (Sternwarte) beschlossen, betrauten sie damit den Architekten der Kolonnaden des "Louvre", Claude Perrault. Leider verhindern heute das Klima und die Luftverschmutzung von Paris jegliche Beobachtungen. Heute wird im "Observatoire", dem Sitz des "Bureau international de l'heure" nur noch die Weltzeit festgesetzt.

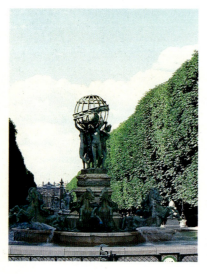

6. Eines der zwei Zentren des Montparnasse-Viertels bildet die "Carrefour Vavin", am Schnittpunkt des "Boulevard Raspail" und des "Boulevard Montparnasse". "Le Dôme", "La Coupole", und "La Rotonde", diese weltberühmten Cafés, haben schon so viele Künstler und Schriftsteller einen Drink nehmen sehen, daß eine Liste nur unverdaulich werden würde. Kein Wunder, daß diese so bedeutende Kreuzung der Standort für die **Balzac-Statue** Rodins geworden ist.

7. Das andere Zentrum, am Ende der "Rue de Rennes", liegt immer im Schatten des ovalen, aus Stahl und Rauchglas bestehenden **Tour Maine-Montparnasse** mit seinen 209 Metern Höhe. Man sah in ihm den Einbruch der Neuzeit, aber auch den Zerstörer dieses so traditionsreichen Viertels. Doch wie dem auch immer sei, die Bretonen beherrschen weiterhin diese Hochburg des Nachtlebens. Auch die Crêpes und Meeresfrüchte zwischen der "Rue de l'Armorique" und der "Rue de l'Ouest" finden noch immer ihre Liebhaber.

La Prégrille

Menu à 42F

Das Quartier Latin

Man könnte das "Quartier Latin" mit einem Haufen alter Steine vergleichen, der zum Treffpunkt der Jugend geworden ist. Denn in der Tat liegt sein ganzer Charme in dem Gegensatz Jahrhunderte alter Tradition und einer Bevölkerung, deren Durchschnittsalter um 20 Jahre liegt. Lebensfreude, Überschwang und Überspanntheit gehören seit 1118 zu diesem Viertel, als der große Pädagoge Abélard, der sich aus Liebe zu Heloise seine berühmt gewordene Verstümmelung zufügte, mit 3000 seiner Studenten das "Kloster Notre-Dame" verlassen mußte und sich auf dem Hügel "Saint-Geneviève" niederließ.

Das Paris des Mittelalters könnte man wie folgt zusammenfassen: die Politik herrscht auf der "Ile de la Cité", der Handel auf dem rechten und die Wissenschaft auf dem linken Ufer. Selbst wenn heute die Pariser Universitäten über die ganze Stadt verstreut sind, von Nanterre bis Clignancourt, selbst wenn man kaum mehr Streitgespräche in der Sprache Ciceros auf den Gehsteigen der "Rue Saint-Jacques" vernimmt, so bleibt das "Quartier Latin" dennoch die Stätte des Geisteslebens. Die "Sorbonne", das "Collège de France", die "Grandes Ecoles" der "Rue d'Ulm", die Gymnasien "Louis-le-Grand" und "Henri IV." spielen noch immer eine wichtige Rolle. Desgleichen drängen sich viele der bekannten Verlagshäuser und Spezialbuchhandlungen auf diese paar Hektar Land.

Doch deshalb soweit zu gehen und zu behaupten, daß über dem 5. Stadtbezirk eine gelehrsame Athmosphäre liegt, wäre trotzdem ein Schritt zu weit. Die Bibliotheksratten gehen in der Menge der Touristen unter, auf dem "Boulevard Saint-Michel" findet man leichter modische Kleiderfetzen und Pommes Frites, als Schreibwaren und Lexi Kons, und die Schlangen vor den Premierenkinos sind länger als die vor den Eingängen zu den Hörsälen. Abends vergessen die Studenten in den Terrassencafés des "Place Saint-Michel" oder in den zahlreichen Jazzkellern schnell ihre Examen.

Natürlich liegen in diesem historischen Viertel auch viele Denkmäler. Man weiß gar nicht recht, was man für einen Besuch empfehlen sollte: "Saint-Etienne-du-Mont", "Saint-Séverin", dieses Meisterwerk der Spätgotik oder "Saint-Julien-le-Pauvre", diese wunderschöne Kirche, in der der romanische Einfluß noch gänzlich erhalten ist? Doch eines ist gewiß, das "Musée de Cluny" muß man gesehen haben, nicht nur seiner Architektur wegen, sondern auch wegen seiner mittelalterlichen Sammlungen. Dieses herrliche Stadtpalais aus dem 15. Jahrhundert, errichtet über den gallo-romanischen Thermen, besitzt den zauberhaften Wandteppiche "Dame à la Licorne" (Die Dame mit dem Einhorn).

Der "Panthéon", der das "Quartier Latin" mit seiner berühmten Kuppel überragt, dient heute als Ruhmestempel der großen Männer der französischen Freiheit. Hier liegen unter vielen anderen zum Beispiel Voltaire, Jean-Jacques Rousseau, Victor Hugo und Emile Zola. Wenn man diesen feierlichen Ort verläßt, muß man nur die "Rue Soufflot" hinuntergehen und schon findet man sich umgeben von den grünen Baumgruppen und dem mit kleinen Segelschiffchen übersäten großen Wasserbecken des "Jardin du Luxembourg".

1. Die Fußgängerzonen des **Quartier Latins** – hier zum Beispiel die "Rue de la Harpe" – gehören zu den bevorzugten Orten derer, die sehen und gesehen werden wollen ...

2. Der **Square Viviani** bildet den ehemaligen Garten der entzückenden kleinen Kirche "Eglise Saint-Julien-le-Pauvre". Unter den sie umgebenden Linden und Fliederbüschen kann man einen erholsamen Halt einlegen und den Ausblick auf "Notre-Dame" genießen.

3. Die kleinen **Trinkbrunnen**, die den Namen des englischen Philantropen Richard Wallace tragen, sind neu herausgeputzt und erfrischen die todmüden Touristen. Ganz in der Nähe liegt auch die auf englische Literaturgeschichte spezialisierte Buchhandlung "Shakespeare and Co", früher "Rue de l'Odéon". Alle großen Namen der angelsächsischen Literatur des 20. Jahrhunderts gaben sich hier schon ein Stelldichein: angefangen mit James Joyce und T.S. Eliot, über Hemingway und Gertrude Stein, bis hin zu Ezra Pound und Dos Passos.

5

4. 5. und 6. Die römischen Thermen, die innerhalb der Mauern des **Hôtel de Cluny** liegen, wurden um 200 n. Chr. nach dem Vorbild der trojanischen Thermen zu Rom angelegt. Der große Saal, von 20 Metern Länge und 14 Metern Höhe, besitzt, einzig in Frankreich, noch sein ursprüngliches Gewölbe. Hier, gleich dem anschließenden, archäologischen Saal, werden eine Reihe von Kapitellen und Statuen verschiedener Kirchen gezeigt. Besonders bemerkenswert sind ein sehr sittsamer "Adam" und vor allem die Köpfe der Könige Judäas; diese 21 im Jahre 1793 enthaupteten Königsfiguren der Hauptfassade von "Notre-Dame" wurden 1977 rein zufällig wiederentdeckt.

4 6

7

7. Außer diesen archäologischen Überresten besitzt das **Musée de Cluny** eine unschätzbare Sammlung an Möbeln, Elfenbeinschnitzereien, Holzskulpturen, Gemälden und Alltagsgeräten aus der Zeit des Mittelalters. Hauptattraktion eines Besuchs bildet jedoch zweifellos die Teppiche "Dame à la licorne". Die sechs Teile zeigen auf einem roten, mit Blumen übersäten Hintergrund, junge Frauen und Tiergestalten. Diese Ende des 15. Jahrhunderts entstandenen Arbeiten symbolisieren die fünf Sinne: das Sehen, das Hören, den Geschmack, das Fühlen und das Riechen, sowie die Entsagung der durch die Sinne hervorgerufenen Leidenschaften ... Es fällt nicht gerade schwer, die Bedeutung des sich im Spiegel betrachtenden Einhorns herauszufinden..

8. Das "Musée de Cluny" ist von außen ebenso bemerkenswert wie von innen. Dieses **Hôtel der Äbte von Cluny**, zwischen 1485 und 1498 wiederaufgebaut, gehört zu den Meisterwerken bürgerlicher Architektur des Mittelalters in Paris.

8

9. Die Beinhäuser von **Saint-Séverin**, in denen einst die Gebeine unter den Gewölben gestapelt wurden, bildet heute einen Ort der Ruhe, inmitten eines Viertels der Kinos, Würstchenbuden und orientalischen Bäckereien.

10. Die **Eglise Saint-Séverin**, bekannt für ihren doppelten Chorumgang im gotischen Stil und ihre herrlichen Buntglasfenster, ist heute eine Mekka der klassischen Musik. Ihre Orgel, auf der schon Saint-Saëns spielte, gehört zu den besten in Europa, und nicht selten drängen sich die Musikliebhaber im weiten Hauptschiff.

9

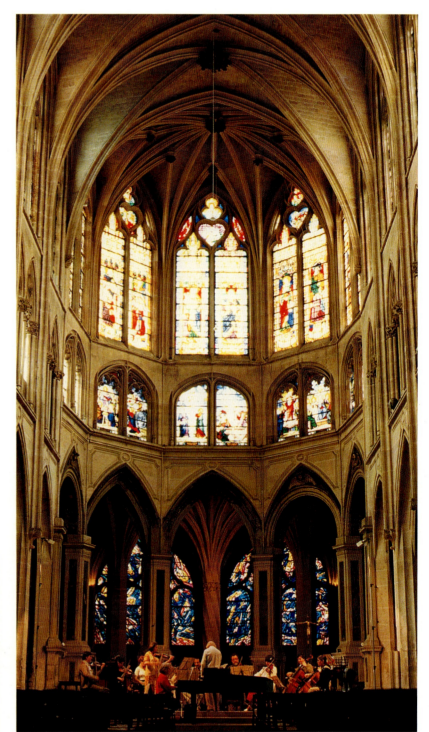

10

11. Die **Sorbonne** ist nicht mehr das, was sie einmal war. Sie wurde zwar im 13. Jahrhundert gegründet, aber die heutigen strengen Baulichkeiten stammen aus dem späten 19. Jahrhundert. Eine Ausnahme bildet die elegante "Chapelle de Richelieu", in der sich das Grabmal des Kardinals befindet. Im Mai 1968 noch Symbol der Studentenrevolution, besuchen heute die "Sorbonne", nur noch stille und fleißige Studenten .... Zum Glück bleibt der "Place de la Sorbonne" ein einladender Ort, wo man unter einem Laubdach, nur zwei Schritte vom "Boulevard - Saint-Michel" - entfernt, eine Erfrischung einnehmen kann.

12

12. "Aux Grands Hommes La Patrie Reconnaissante" (Den großen Männern, das dankbare Vaterland), so lautet diese in goldene Buchstaben gefaßte Inschrift im Giebel des Hauptportals des **Panthéon**. Seit 1794 hat der "Tempel der französischen Freiheit" vielen großen Männern seine Türen geöffnet, wie zum Beispiel Marat und Mirabeau. Als einzige große Frau teilt Madame Berthelot diesen Ort mit ihrem Mann, einem Chemiker.

13. **Saint-Etienne-du-Mont**, diese erstaunliche Kirche aus der Übergangszeit entstand zwischen dem 15. und 17. Jahrhundert. Sie ist heute das Ziel bedeutender Wallfahrten, beherbergt denn sie die Gebeine der Heiligen Genoveva, der Schutzpatronin von Paris. Mit dem wunderschönen Lettner, der nach den Plänen von Philibert de l'Orme ausgeführt wurde, hielt die Renaissance einen glanzvollen Einzug in die gotische Architektur Nordfrankreichs.

13

14. Der "Jardin du Luxembourg" stellt permanent auf seinen Rasenflächen und unter seinen Baumgruppen einen Unmenge von Statuen aus. Die **Fontaine Médicis** (Brunnen) liegt im Schatten prächtiger Platanen und stammt aus dem 17. Jahrhundert, doch "Acis", "Galatée", "Diane", "Pan", "Léda und der Schwan" gehören dem 19. Jahrhundert an.

15. Das **Théâtre de l'Odéon**, eine Nebenstelle der "Comédie Francaise", wird im Erdgeschoß von einer Arkadengalerie umgeben. Ungefähr 1300 Zuschauer finden unter der in Azur, Purpur und Gold gehaltenen Decke von André Masson, Platz. Diese Decke ist gleichaltrig mit der in der Oper ausgeführten von Chagall.

16. Der **Jardin du Luxembourg** galt schon immer als der bevorzugte Treffpunkt der Dichter: Gérard de Nerval gehört ebenso dazu wie Verlaine, Rilke oder Théophile Gautier, der großes Aufsehen erregte, als er hier an einem blauen Band einen Hummer spazierenführte.

Montmartre und Pigalle

Die Ironie des Schicksals wollte, daß der Name Jean-Baptiste Pigalles, hochkultivierter Bildhauer der Zeit Ludwigs XV., ausgerechnet einem Ort gegeben wurde, den alle Welt mit Sex-Shops, lauten Brasserien, Prostituierten aller Herren Länder und Rassen und Stundenhotels verbindet. Dieser Ruf ist keineswegs übertrieben, trotz der harten Konkurrenz des "Bois de Boulogne"; und die Freunde der heißen Straßen werden hier sicher nicht enttäuscht.

Blieb "Pigalle" sich selber treu, so hat sich aber Montmartre seit der "Belle Epoque" entscheidend verändert. Die großen Maler sind längst ausgezogen und der volkstümliche, ja fast ländliche Charakter des Hügels ist den Wohnkomplexen und dem Tourismus gewichen.

Wie kommt es dann dennoch, daß man "Pigalle" immer in einem Atemzug mit "Montmartre" nennt? Welche Beziehung besteht denn zwischen dem kribbelnden, manchmal beunruhigenden Leben, das den "Boulevard de Clichy" und "Boulevard de Rochechouart" überzieht, und andererseits den Höhen von "Montmartre", gewidmet dem Gedenken an Picasso, Van Gogh, Utrillo, Max Ernst, Miró, Renoir, Marcel Aymé, Courteline, Gauguin, Apollinaire, Mac Orlan ...? Unten das Reich des Fleisches und Neons, oben der Literatur und Malerei. Doch letztlich erweist sich diese scharfe Trennung, die heute vielleicht eine gewisse Berechtigung hat, als vollkommen künstlich. Denn könnte man sich Toulouse-Lautrec ohne die Spielhöllen, Lebemänner und leichten Mädchen vorstellen, die Romane Francis Carcos ohne Strolche und die Chansons Edith Piafs ohne die Kinder der Straße?

Statt an den wichtigsten Denkmälern von "Montmartre" vorbeizuhasten, sollte man sich die Zeit nehmen und durch die steil ansteigenden Gassen schlendern, um etwas von der Stimmung dieses hügeligen Viertels mitzubekommen. Natürlich ist die "Basilique du Sacré-Coeur" ein erstaunliches Bauwerk, das den Norden von Paris überragt, und ihr großer Vorplatz bietet eine großartige Aussicht über die gesamte Stadt, doch der Schmuck dieses "vielstöckigen Hochzeitskuchen" bleibt von zweifelhaftem Geschmack und die Einwohner von "Montmartre" verdrehen die Augen, wenn sie an diesem Bauwerk vorbei müssen. Gewiß verdient der "Place du Tertre", dieser ehemalige Dorfplatz von "Montmartre" einen Besuch, doch während des Tages herrscht hier ein so großer Andrang, daß man besser daran tut, ihn in den stillen Stunden aufzusuchen, um noch etwas von seinem früheren Charme wiederzufinden. Sicherlich steht im "Bateau-Lavoir" (Waschboot) die Wiege des Kubismus, aber es braucht schon, nach dem Brand von 1970, eine Menge Vorstellungsvermögen, um die "Demoiselles d'Avignon" wiederaufleben lassen zu können.

Dagegen genügen schon einige Schritte aus dem Treiben und man entdeckt die Künstlerateliers der "Rue d'Orchampt", der "Rue Lepic" oder der "Rue Girardon", die "Moulin de la Galette", die schon Auguste Renoir, Van Gogh, Toulouse-Lautrec und Utrillo zur Vorlage diente, oder aber die Rebstöcke der "Rue Saint-Vincent", letzte Überreste eines großen Weinbergs, und die "Eglise Saint-Pierre-de-Montmartre", eine der ältesten Kirchen von Paris.

1. **Sacré-Coeur**. Dieses weit ausladende, weiße Bauwerk zieht vor allem die Photographen an. Die Freiterrasse ist der Treffpunkt der Touristen aus aller Welt.

2. Die **Moulin de la Galette** ist eine der zwei noch erhaltenen 30 Windmühlen, die früher Paris mit Mehl versorgten. Im 19. Jahrhundert veranstaltete hier sein Besitzer die volkstümlichsten und lustigsten Bälle der Stadt, die ebenso Wäscherinnen und Gassenjungen besuchten wie Toulouse-Lautrec, Van Gogh und Renoir.

3. Die Maler des **Place du Tertre** besitzen nicht das Talent ihrer Vorgänger, aber sie helfen mit, diesen alten Dorfplatz, der einst die Stätte für Galgen und Richtblöcke bildete, zu einem der beliebtesten Touristentreffpunkte von Paris zu machen. Nachdem man sich porträtieren ließ, sollte man trotzdem noch die alte "Eglise Saint-Pierre-de-Montmartre" besuchen.

4. Am Vorabend des Ersten Weltkriegs gab sich in dieser Bruchbude namens "Cabaret des Assassins", später **Lapin Aigle**, das gesamte künstlerische Frankreich ein Stelldichein.

3

2

4

101

5. Der Charme **Montmartres** findet sich eher in seiner hügeligen Lage, denn in seinen Denkmälern. Der ganze Hügel bildet ein unentwirrbares Netz steiler Gassen, schwindelerregender Treppen, Sackgassen und Durchgänge, Gärten und friedlicher Werkstätten. Dieses relativ verkehrsarme Viertel hat den Anstürmen der Zeit besser widerstanden als alle anderen. Zwage braucht es schon ziemlich kräftiger Beine, um diese Hänge zu bezwingen, doch wird man für diese Anstrengung mit der Atmosphäre verflossener Zeit tausendfach belohnt.

6. Abadie nahm sich die "Cathédrale Saint-Front" in Périgeux zum Vorbild, als er 1873 die Pläne zu **Sacré-Coeur** entwarf. Der Untergrund ist derart durchlöchert, daß es 83 Stützpfeiler von 40 Metern Höhe bedurfte. Im Jahre 1919 wurde die Basilika schließlich geweiht. Sie gehört heute zum Pariser Stadtbild, aber im Gegensatz zum Eiffelturm oder anderen umstrittenen Bauwerken der Zeit, findet sie auch jetzt nur eine begrenzte Anzahl von Bewunderern. Das romanisch-byzantinisch-moslemische Stilgemisch der Dritten Republik entfacht gewiß nicht die Begeisterung von Ästhetikern!

7

7. Der Staub der Steinbrüche von Montmartre gab dem **Place Blanche** (Weißer Platz) seinen Namen. In diesem Viertel pornographischer Filme lassen sich zwar immer noch die Rüschchen-Röcke der Cancan-Tänzerinnen bewundern, aber benötigt eine gewisse Anstrengung. hier noch die Figuren Toulouse-Lautrecs, Valentin le Désossés, la Goulues auszumachen, oder selbst die Stimmen der jüngsten Vergangenheit wie Maurice Chevalier, Mistinguett und Joséphine Baker zu hören.

8. In den Cafés der Rue des Abbesses treffen sich die Graphiker und Berühmtheiten des Stadtviertels. Auf dem Platz gleichen Namens sind die Jugendstil-Glasdächer seiner Metro-Station noch vollkommen erhalten: die Arbeiten von **Guimard** sind schon zu selten geworden, als daß man sie so einfach übersehen könnte ...

8

Die Gärten von Paris

O b nun Kinder, Jogger, ausgelassene Hunde oder Reiter, alle brauchen ein bißchen frische Luft und Freiraum, um sich auszutoben; die Spaziergänger ihrerseits suchen sich ein grünes Fleckchen, um sich von der Eintönigkeit der Stadt zu erholen.

Liebt man die Weitläufigkeit und Abwechslung, so bieten sich der 863 Hektar umfassende "Bois de Boulogne" und der "Bois de Vincennes" mit seinen 934 Hektar an. Der "Bois de Boulogne", im Westen der Stadt gelegen, besitzt eine derart breite Palette von Möglichkeiten, daß eigentlich jeder etwas darunter findet: so zum Beispiel zwei Pferderennbahnen — "Longchamp" für Galopprennen und "Auteuil" für Hindernisrennen — einen herrlichen Rosengarten, eine Seerosenzucht im "Parc de Bagatelle", der nicht zu vergessen auch eine Baumschule, eine Zwiebelpflanzen-Zucht und zwei Palais besitzt, einen Zoologischen Garten, der Tierpark und Spielplatz zugleich ist, mehrere Seen und Teiche, auf denen sich mit Tretbooten fahren läßt, zwei Reithallen, das "Musée des Arts et Traditions populaires" (Volkskunde-Museum), und tausend andere Dinge. Die Räuberbanden von einst sind zwar verschwunden, aber der immense Erfog der "Brasilianerinnen" legt doch einen Besuch vor Sonnenuntergang nahe.

Der "Bois de Vincennes" steht dem "Bois de Boulogne" in seinem Angebot in nichts nach: eine Trabrennbahn, ein Botanischer Garten, bekannt für sein Blumental, Pinienhaine, de Dahlien-Garten, de größte Zoo Frankreichs, vielleicht auch der schönste in Europa und Seen. Hier befindet sich das Theaterzentrum der "Cartoucherie", das "Buddhistische Zentrum" von Paris und vor allem das im Norden des Parks gelegene Feudalschloß, dem eine umsichtige Restauration seinen ursprünglichen Glanz wieder verliehen hat.

Die Freunde französischer Parkanlagen schätzen den Klassizismus des "Luxembourg" und der "Tuileries"; denjenigen, die die ausgefeilte Unordnung der englischen Parkanlagen bevorzugen, sind der "Parc Montsouris" und die "Buttes-Chaumont" zu empfehlen. Diese einst finstern, kahlen Felsen bilden seit Haussmann eine grüne und originelle Parklandschaft. Nicht vergessen sollte man auch den "Parc Monceau", diese Oase voll Charme und Eleganz.

Will man sowohl einen angenehmen Spaziergang in romantischer Umgebung unternehmen, als auch eine Reise durch die Vergangenheit, so findet man mit dem Friedhof "Père-Lachaise" den idealen Ort. Es bedürfte mehrerer Seiten, um all die hier begrabenen Berühmtheiten aufzuzählen. Mag die Erwähnung eines phantasievollen Grabmals stellvertretend genügen — das von Abélard und Heloise, diesem tragischen Liebespaar. Falls man jedoch Sehnsucht nach Venedig oder Amsterdam verspürt, bleiben einem die Welt der Schleusen, Metall-Brücken, Schiffer-Cafés und Kastanienallee entlang der Kais des "Canal Saint-Martin".

1. Ob französische, englische, japanische oder exotische Gärten, Bäume, Blumen und Wasserspiele, man muß nur nach Paris kommen, um all das zu finden, was die Natur an Schönheit zu bieten hat. In den Wellentälern des **Parc Montsouris**, an seinem Seeufer, fast immer fühlt man sich meilenweit von dieser Riesenstadt entfernt.

2. Glaubt man sich nicht, umgeben von den steilen Abbrüchen, Höhlen und dem dicken Buschwerk des **Buttes-Chaumont** inmitten einer chinesischen Landschaft, auf halbem Weg zwischen Traum und Wirklichkeit?

3. Die gleiche erholsame Abwechslung findet man an den Kais des **Canal Saint-Martin**: vorbeiziehende Lastkähne, ein Schiffer-Café, eine Schleuse und sogleich sieht man sich in einen Film Marcel Carnés oder Jean Vigos versetzt.

4. Der **Bois de Vincennes** ist gewiß nicht so malerisch, dafür aber ziemlich groß, so daß man schon aufpassen muß, wenn man sich nicht verlaufen....

3

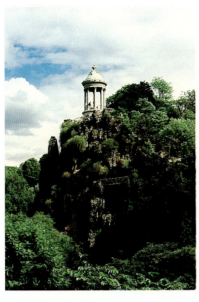

2

4

5. Von allen Pariser Parkanlagen ist der **Bois de Boulogne** wohl der eleganteste: hier kann man reiten, Tennis spielen oder aber an der "Grande Cascade" schwatzen.

6. Die Gärtner der städtischen **Gärtnereien** an der Porte d'Auteuil, züchten alljährlich eine Million Pflanzen in ihren Baumschulen und Treibhäusern; ihnen obliegt auch die Bepflanzung der öffentlichen Gärten und die Ausschmückung offizieller Empfänge. Wann sind diese Gärtnereien wohl schöner, im April zur Azaleen oder im Oktober zur Chrysanthemenblüte? Die Meinungen darüber sind geteilt.

7. Der **Parc de Bagatelle**, am Rande des "Bois de Boulogne" gelegen und gänzlich von einem Mauerring umgeben, gehört den Rosen, Iris, Seerosen, Dahlien, Zedern, Tulpen, Mammut und Mandelbäumen. Dieser Park besitzt eine derart große Anzahl an Pflanzen- und Baumarten, und wird auch so sorgfältig gepflegt, daß manche in ihm ein Museum der Vegetation und andere, viel poetischer, das Paradis auf Erden sehen.

6

5

7

8

8. Friedhöfe gehören im allgemeinen nicht zu den Vergnügungsstätten, aber wenn sie eine Konzentration Berühmtheiten beherbergen, wie sonst nicht auf der Welt, wenn sie eine Anhäufung bemerkenswerten Skulpturen und eine feine romantische Stimmung besitzen, dann ziehen sie unweigerlich zahlreiche Besucher an. Dies ist auch der Grund, warum auf dem **Père-Lachaise** sich Spaziergänger mit Neugierigen kreuzen, auf der Suche nach dem Grab von Sarah Bernhardt, de Nerval, Apollinaire, Jim Morrison oder Simone Signoret, um dort einen Blumenstrauß niederzulegen.

9. Die Pariser Gärten haben eine Vorliebe für Ruinen. So zum Beispiel wird das Wasserbecken des **Parc Monceau** von einer ungewöhnlichen Kolonnade im korinthischen Stil umgeben, die sich vorteilhaft den ergreifenden Denkmälern Gounods, Chopins oder Maupassants anpaßt.

9

Das Paris von morgen

Mit fast hundertprozentiger Bestimmtheit läßt sich behaupten, daß das Paris von morgen dem Paris von heute gleichen wird. Und dies aus einem ganz einfachen Grund: Die verwahrlosten Viertel und überholten Industriezonen sind fast gänzlich verschwunden, zumindest was den Stadtkern angeht, und folglich bleibt auch nicht mehr viel zum Niederreißen und zur Neubebauung. Außerdem haben auch die großen Bauarbeiten, die die 70er Jahre kennzeichneten, mehr oder weniger ihren Abschluß gefunden. Das "Plateau Beaubourg" gehört schon der Vergangenheit an, die Neugestaltung des Hallenviertels, mit Ausnahme des Bereichs von "Saint-Eustache" ist in ihren größten Teilen abgeschlossen. Die hypermodernen Wohnsilos vom Typ "Front de Seine" oder "Italie" haben zwar heftige Kritik hervorgerufen, doch bleibt die Hoffnung, daß die noch der Demolierung anheimfallenden, überalterten Stadtteile mit mehr Einfühlungsvermögen saniert werden. Wie dem auch sei, so ärmliche Gegenden wie die "Goutte d'Or" oder das "Ilot Chalon", gleich hinter dem "Gare de Lyon", stehen heute schon im Interesse der Immobilienmakler und in 10 bis 20 Jahren werden auch hier neue Wohnviertel stehen. Wenn man auch noch den Pariser Untergrund wie Maulwürfe durchlöchert, um das Netz der R.E.R.-Linien fertigzustellen, so hat man über der Erde jedoch alle größeren Vorhaben aufgegeben. So zum Beispiel besaß man Vernunft genug, auf den Bau einer Schnellstraße links der Seine zu verzichten, die die Gegend um "Notre-Dame" vollkommen entstellt hätte.

Mit Ausnahme des "Place de la Bastille" wurden alle größeren Bauvorhaben in die Außenbezirke verlegt. An der "Défense" gehen die Arbeiten weiter, um mit dem Bau des Ministeriums für Stadtplanung und Umwelt, sowie der "Carrefour international de la Communication" allmählich ein Manhattan an der Seine zu schaffen. Noch viel aussagekräftiger ist das Beispiel "Bercy". Auf den 40 Hektar umfassenden Hafenanlagen und Lagerhallen aus der Zeit des 19. Jahrhunderts ist ein spektakuläres Sanierungsprogramm im Gange. Der erste Bauabschnitt wurde Ende 1983 fertiggestellt und weist mit dem "Palais Omnisport" einen unbestreitbaren Erfolg auf. Dieses Mehrzweckgebäude zeichnet sich durch seine futuristisch anmutende Architektur aus. Je nach Bedarf läßt es sich in ein Leichtathletik-Stadion, in eine Boxhalle, in eine Radrennbahn für die wieder eingeführten Sechs-Tage-Rennen, in eine Eisbahn, in eine Konzerthalle oder sogar in ein Motor-Cross-Gelände umwandeln. Dank seines Fassungsvermögens von 17 000 Personen besitzt Paris heute wieder die Möglichkeit Weltmeisterschaften in zahlreichen Sportarten auszurichten. Die zweite Baustufe läuft zur Zeit mit dem Bau des Finanzministeriums, das nach seinem Umzug den "Grand Louvre" den Gemälden hinterläßt. Zwischen Sportpalast und Ministerium sind Rasenflächen mit Wasserspielen und anderen Attraktionen vorgesehen.

Im Nord-Osten der Stadt, in einem lange vernachlässigten Gebiet, bietet der "Parc de la Villette zwischen" der "Cité des Sciences et de l'Industrie" und der "Cité musicale" im Süden, eine 30 Hektar umfassende Fläche, gänzlich der Welt der Zukunft gewidmet. Die "Opéra de la Bastille" wird 1989 ihre Pforten öffnen.

2

1. Wissenschaft, Musik, Kunst der Plastik und Wanderfreuden liegen im **Parc de la Villette** problemlos nebeneinander. Es bedurfte vieler Pläne und mehrerer Mißerfolge, damit die alten Schlachthöfe zu einer grünen Lunge und großem Anziehungspunkt des Pariser Ostens wurden. Die Architektur von morgen entfaltet sich voller Stolz an diesem einzigartigen Ort, überschneidet doch hier der "Canal Saint-Denis" den "Canal de l'Qurcq" und bietet dem "Musée d'Adrien Fainsilber" und dem "Parc de Bernard Tschumi" seinen Spiegel an.

2. Das **Palais Omnisport de Bercy** ist ein Mehrzweckgebäude. Alle Sportarten und alle möglichen Veranstaltungen, ob zu Wasser oder Land, auf Eis oder Holz, können hier stattfinden. Auch überrascht er durch seine eigenartigen Formen und seine kühnen Rasensteilwände.

3

3. Neben allen laufenden Bauarbeiten ruft die **Pyramide du Louvre** die leidenschaftlichsten Reaktionen hervor.

4. Die Kapazität des Flughafens **Roissy-Charles-de Gaulle** ist ungefähr 50 Millionen Reisende im Jahr.

5. Das Auftauchen von **Wandmalereien** in Paris, wie die von Rieti an der Ecke "Rue Delcassé" und "Rue de Penthièvre", entspricht einer neuen Tendenz: das Gesicht der Straßen der Hauptstadt durch die Integration des Künstlers und seines Werkes in das soziale Leben des Stadtviertels zu verändern.

5

4

6

6. Seit 1972 ist der **Parc des Princes** der Tempel des Rugby und Fußballs. Ziemlich, es ist schwer, an eine der 50 000 Karten zu kommen, wenn ein Meisterschaftsfinale oder aber ein Spiel des Turnies der fünf Nationen stattfindet. Seine 1972 noch revolutionär anmutende Architektur wirkt heute fast schon traditionell, wenn man die exzentrischen Formen des "Palais Omnisport de Bercy" zum Vergleich nimmt.

7. Hauptattraktion des "Parc de la Villette" ist die **Cité des Sciences et de l'Industries**, mit ihrer herrlich restaurierten **Großen Halle**, die über 3 Hektar Ausstellungsfläche verfügt. Neben seiner Mediathek, Videothek und seinem Konferenzzentrum verfügt es auch über einen Saal für hemisphärische Filmprojektion: das berühmte **Géode**.

7

Versailles

Wo läßt sich gleichzeitig angeln, Rad fahren, auf einem 1 600 Meter langen Kanal rudern, einen Bauernhof, wie aus dem Märchen besichtigen, eine 42 Meter hohe Wasserfontäne sehen, an einigen Tagen des Jahres ein prachtvolles Feuerwerk bewundern, wenn nicht in diesem Park, der den Hintergrund zu einem der majestätischsten Paläste der Welt bildet? Und all das, nur 15 Kilometer von Paris entfernt ...

Man könnte die Frage auch anders stellen: wie läßt sich erklären, daß Ludwig XIV. und seine Nachfolger Paris verließen und so dieser Stadt den größten Schlag ihrer Geschichte versetzten? Wie konnte man so einfach den "Louvre", "Notre-Dame" und das vornehme und fröhliche Pariser Leben aufgeben? Es bedurfte schon etwas Besonderes, um diese Aufgabe zu rechtfertigen: kurzum, es gebrauchte "Versailles".

Besucher, die zum erstenmal das Schloß des Sonnenkönigs sehen, empfinden von Zeit zu Zeit ein Gefühl des Déjà-vu. Doch das ist keineswegs überraschend. Das Meisterwerk der klassischen französischen Architektur wurde zum Vorbild für die ganze Welt — von Berlin bis Wien, von Spanien bis Rußland, und jenseits des Atlantiks bis nach Washington reichte sein Einfluß! Doch wie dem auch sei, nirgendwo anders erreichen die Nachbildungen die gleiche Stufe der Vollkommenheit. Die Länge der Schloßfassade entspricht fünf aneinander gereihten Fußballfeldern, und zu seiner Erstellung benötigte man 36 000 Handwerker, so wie 6 000 Pferde. Le Nôtre, dieses Genie der Gartenbaukunst, ebnete Hügel ein, legte Sümpfe trocken, holzte ganze Wälder ab und leitete die 7 Kilometer entfernte Seine um, um alle Wasserspiele zu versorgen! Auf dem "Großen Kanal" schwammen allein zum Vergnügen des Königs, direkt aus Venedig importierte Gondeln, Schaluppen und sogar Kriegsschiffe, von denen eines mit 32 Kanonen bestückt war.

Weniger spektakulär, doch ebenso umfangreich, verliefen die seit dem Zweiten Weltkrieg eingeleiteten Restaurationsarbeiten. Denn das Schloß, seit der Revolution sich gänzlich selbst überlassen, erlitt erhebliche Schäden und Verluste: mehr als 17 000 Möbelstücke, Gemälde, Skulpturen und Wandteppiche wurden auf Versteigerungen verkauft und so in alle Ecken Europas verstreut. Weiterhin wurden die Säle umgebaut und dienten dann als Musikschule oder Imkerei ... Zum Teil, dank der Rockefeller-Stiftung, kann man heute wieder den Rahmen finden, in dem die Könige und ihr Hofstaat lebten.

Selbstverständlich hat die Persönlichkeit Ludwigs XIV. dem Schloß sein Gepräge gegeben. Vom Schlafzimmer des Königs, das so angelegt wurde, daß es die Strahlen der aufgehenden Sonne einfing, ist man im wortwörtlichen Sinne ebenso geblendet, wie vom glitzernden Spiegelsaal, wenn die Strahlen der untergehenden Sonne durch die 17 Fenster eindringen und sich in den siebzehn gegenüberliegenden Spiegeln brechen. Doch sollten all diese Kostbarkeiten nicht die später erfolgten Veränderungen vergessen lassen, so zum Beispiel das Arbeitszimmer Ludwigs XV. oder das Schlafzimmer Marie-Antoinettes.

1. Welcher andere Palast könnte sich mit **Versailles** messen? Ob Größe oder Größenwahnsinn, Genie oder Maßlosigkeit – wie dem auch sei – zu verdanken haben wir dieses Weltwunder Ludwig XIV.

2. Aus dem kleinen, dreifarbigen Jagdschloß – blauer Schiefer, weißer Stein und roter Ziegel – das ihm sein Vater vererbte, ließ sich Ludwig XIV., der **Sonnenkönig**, einen 500 Meter langen Gebäudekomplex errichten, in dem sich der ganze Hofstaat und die Dienerschaft wohnlich einrichteten. So wie der König im Mittelpunkt dieser riesigen Menschenansammlung stand, liegt das königliche Schlafzimmer im Schnittpunkt der Achsen des Schloßes. Es zeigt auf den herrlichen Marmorhof und – von Bescheidenheit ganz zu schweigen – auf die Reiterstatue seines Besitzers.

3. Der **Parc de Versailles**, mindestens ebenso bewundernswert wie das eigentliche Schloß, wird von zahllosen Skulpturen geschmückt; der "Kampfwagen des Apollos", von Tuby in vergoldetem Blei geschaffen, gehört sicherlich zu den bekanntesten.

4. In der **Chapelle de Versailles**, einem Wunder der Klarheit der Linienführung, das 1712 von Robert de Cotte vollendet wurde, wohnten der König und die ihm heimlich angetraute Ehefrau, Madame de Maintenon und der Hof jeden Morgen einer musikalischen Messe bei.

5. Die **Große Galerie** oder der Spiegelsaal, von Jules Hardouin-Mansart entworfen und von Le Brun ausgestattet, beeindruckt mit ihren 74 Metern Länge, 10 Metern Breite und 12 Mettern Höhe. Die langen Kleider der Hofdamen und die Federhüte der Höflinge fegten das Parkett, als Ludwig XIV. ihn durchschritt. 1871 rief Bismark hier das Deutsche Reich aus und machte den König von Preußen zum Kaiser Wilhelm I ... Die Franzosen schafften sich 1919 mit der Unterzeichnung der Verträge von Versailles Genugtuung.

6. In diesem prunkvollen **Schlafzimmer**, suchte der König seine Gemahlin auf — er durchquerte dazu heimlich den **Salon de l'oeil de Boeuf** — um seine Thronnachfolge zu sichern.

5

4

6

7. Watteau, Jean-Jacques Rousseau und viele andere brachten gewiß die Natur wieder in Mode. Aber Marie-Antoinette, nur von der Anmut eines idyllischen Lebens träumend, ließ sich gleich den **Hameau** (Weiler), einige hundert Meter vom "Petit Trianon" entfernt, errichten. Zwischen den strohbedeckten Gebäuden, die Migue zwischen 1783 und 1786 einrichtete, gefiel sich die Königin beim Buttern oder bei der Tierpflege. Dieser Bauernhof im Kleinformat, vollkommen erhalten, scheint direkt aus einem Feenmärchen zu stammen, und man ist immer darauf gefaßt, Zwerge oder Elfen anzutreffen.

8. Das "Schloß von Versailles" ist gewiß von überragender Pracht, aber auch vollkommen unwohnlich. Die Säle konnten nicht beheizt werden, Hygiene war noch ein Fremdwort und die Menge erdrückte sich fast. Wenn Ludwig XIV. hinnahm, sein ganzes Leben in den Dienst der Repräsentation zu stellen, sein Privatleben dem Beruf des Königs unterstellte, so versuchte Ludwig XV. sich diesen Anforderungen der Etikette zu entziehen. Deshalb ließ er sich von Gabriel eine Residenz menschlicheren Ausmaßes bauen: das **Petit Trianon**.

Die Basilika, Saint-Denis Vincennes und Fontainebleau

Paris straft das Sprichwort "Überfluß kann niemals zu viel sein" Lügen. Die Stadt besitzt in der Tat einen solchen Reichtum an Kunstschätzen, daß man oft der Versuchung unterliegt, nie die Grenzen seiner 20 Bezirke zu überschreiten, um auch die Schätze in den Vororten oder der Ile de France zu entdecken. Dies erklärt auch die relative Abwesenheit von Touristen im Schloß von Vincennes, obwohl es direkt vor den Toren der Stadt liegt.

Am Rande des "Bois de Vincennes" gelegen, zeigt es sich mit einem Doppelgesicht: einerseits mittelalterlich mit seinen Wehrmauern, Wassergräben, seinem aus dem 14. Jahrhundert stammenden, 52 Meter hohen Bergfried, seiner im gotischen Stil begonnenen, aber erst in der Renaissance vollendeten "Sainte-Chapelle"; andererseits klassisch mit seiner unter Ludwig XIII. und später Kardinal Mazarin erbauten königlichen Residenz. Die bemerkenswerten Restaurationsarbeiten, die seit dem Zweiten Weltkrieg unternommen wurden, ließen die während der Jahrhunderte hinzugekommenen Verunzierungen verschwinden, ohne aber die Erinnerung an die abwechslungsreiche -manchmal düstere – Vergangenheit zu verwischen. So diente das Schloß als Gefängnis für Kardinal de Retz und den Grand Condé, als Kaserne und als Hinrichtungsort des "Duc d'Enghien" im Jahre 1804 und von 30 Geißeln im Jahre 1944. Einige dieser Erinnerungsstücke werden in seinem Musée Historique (Historisches Museum) ausgestellt.

Ebenso so leicht zugänglich, wie das "Schloß von Vincennes", ist die "Basilique Saint-Denis", die Geschichts- und Kunstliebhabern empfohlen sei. Diese herrliche Kirche kennzeichnet die Geburt des Stils der Spitzbögen, auch Gotik genannt. Nach dem Willen des Abts Suger streben alle Formen himmelwärts, so als wollte man die Menge der Gläubigen in größere Nähe zu Gott rücken, und ein vielfarbiges Licht überflutet dank der Buntglasfenster das Hauptschiff. Der Ruf von Saint-Denis beruht auch auf der Tatsache, daß sie seit König Dagobert die Grabesstätte der Könige von Frankreich bildet. Zwölf Jahrhunderte Geschichte! Und fast lückenlos, denn seit Hugo Capet fehlen nur drei Regenten! Herzen, Eingeweide, ganze sterblichen Hüllen und Reliquien — trotzdem ist dieser Friedhof alles andere als makaber. Dieser Ort der gekrönten Häupter, die persönlich die Geschichte Frankreichs schmiedeten, formt eine Art ideales Museum der Grabskulpturen.

Wenn man schon Versailles kennengelernt hat, und falls man bereit ist, einige Kilometer zu fahren, hat man die Qual der Wahl zwischen Chantilly, Senlis, Chartres, Vaux-le-Vicomte, Compiègne, Ecouen ... Wollen wir uns an dieser Stelle auf die Hauptsehenswürdigkeiten von "Fontainebleau" beschränken. Das Schloß von Franz I. zeigt auf beispielhafte Weise, wie unterschiedliche Stile untereinander harmonieren können. Napoleon nannte einmal diesen Bau, dem soviele Könige sein Gepräge gaben, "das Haus der Jahrhunderte". Der Wald ist umso bemerkenswerter, als man hier, nur eine Autostunde von Paris entfernt, klettern, reiten, sogar während mehrerer Tage wandern oder sich selbst verlaufen kann ....

1. Im **Schloß von Fontainebleau** ließ die Königin Christine von Schweden, unvergeßlich seit Greta Garbo, ihren Liebhaber Rinaldo Monaldeschi ermorden; hier hob Ludwig XIV. 1685 das Verdikt von Nantes auf; und hier wurde auch Papst Pius VII. von Napoleon gefangengehalten. Doch dieses unter Franz I. erbaute Schloß war ein vergoldetes Gefängnis. Es vereinigt die eleganten Linien der französischen Renaissance, die an die Loire-Schlösser erinnern, auf originelle Weise mit der im Jahre 1634 von Jean Ducerceau angefügten, berühmten Freitreppe in Hufeisenform.

2. Von Catherina von Medicis bis Napoleon III., zahllose Herrscher hinterließen im Schloße Franz I. ihre Spuren, sei es mit Anbauten, sei es mit Umbauten im Inneren. Die entscheidensten Veränderungen nahm der Architekt Ludwig XV., **Gabriel**, vor.

3. "Seit 20 Jahren sehe ich euch auf dem Weg der Ehre und des Ruhms ... Ich wünschte, ich könnte euch an mein Herz drücken, wenigstens euere Fahne küssen." Seit dem 20. April 1814, als Napoleon mit diesen Worten Abschied von seiner alten Garde nahm und in sein erstes Exil ging, trägt der "Cour du Cheval-Blanc" (Hof des Weißen Pferdes) auch den Namen **Cour des Adieux** (Hof des Abschieds).

2

3

4. "Saint-Denis," vor den Toren der Stadt gelegen, ist in der ganzen Welt für seine Basilika bekannt. Aber viel zu häufig vergißt man sein **Musée d'Art et d'Histoire** *(Kunst- und Geschichts-Museum),* das wegen seiner Sammlung, aber auch seines Rahmens wegen Aufmerksamkeit verdient. Liegt es doch in den Räumen eines 1625 gegründeten Karmeliterklosters, in das sich einst eine der Töchter Ludwigs XV. zurückzog, nachdem sie den Schleier genommen hatte.

5. **Vincennes** oder das Mittelalter in Paris! Der riesige Burgfried aus der Zeit Karls V. ist immer noch bereit, einer Belagerung, und falls nötig einem Ansturm zu widerstehen. Seine Verteidiger hätten leichtes Spiel, allzu waghalsige Angreifer dieser Festung mit Pfeilen oder heißem Pech einzudecken.

6. Die **Basilique Saint-Denis**, heute eine Kathedrale, rührt auf zweierlei Arten: einerseits kennzeichnet sie die Geburt der Gotik, die Geburt der aufstrebenden Formen und des Lichts, andererseits dient sie als letzte Bleibe der Könige von Frankreich.

5

4 6

Abbesses (rue des), 103
Alexandre III (pont), 38
Alma (pont de l'), 10
Arts (Pont des) 10, 71
Anjou (quai d'), 21
Arc de triomphe de l'Étoile, 39
Auteuil, 108

Bagatelle (parc de), 108
Bastille (place de la), 81
Beaubourg (plateau), 53
Béthune (quai de), 21
Blanche (place), 103
Bourbon (quai de), 21
Boulogne (Bois de), 108
Buttes-Chaumont, 107
Bercy (Palais omnisports de), 113

Centre Georges-Pompidou, 53
Cité (île de la), 7, 8
Cité des Sciences et de l'Industrie, 115
Chaillot (palais de), 60
Champ-de-Mars, 59, 62
Champs-Élysées, 33, 34, 35, 39
Charles-de-Gaulle, 114
Châtelet (place du), 51
Carrousel (jardin du), 30
Cluny (Hôtel de Âbte), 93
Conciergerie (la), 20
Concorde (place de la), 34, 35, 36

Dauphine (place), 21
Défense (quartier de la), 61, 112
Dôme des Invalides (église du), 67

Scuola Militare, 62
Étoile (place de l'), 34, 39

Flore (pavillon de), 25
Faubourg-Saint-Honoré (rue du), 46
Fontaine de Médicis, 97
Fontaine de l'Observatoire, 86
Fontaine des Innocents, 51
Fontaine des Quatre-Évêques, 72
Fontainebleau (château de), 125
Forum des Halles, 52
Front de Seine, 5
Fürstenberg (place de), 73

Géode (la), 115
Grand Palais, 38
Grands boulevards (les), 44
Grand Louvre (le), 25

Halles (Hallenviertel), 45, 51
Haussmann (boulevard), 42
Hôtel de Béthune-Sully, 79
Hôtel Carnavalet, 78
Hôtel de Cluny, 93
Hôtel Salé, 80

Hôtel de Sens, 79
Hôtel-de-Ville, 77
Hôtel-Dieu, 16
Horloge (quai de l'), 20

Iéna (pont d'), 60
Institut (l'), 71
Invalides (les), 64, 65, 67

Jardin Fleuriste municipal (Städtische Gärtnereien), 108
Jardin du Luxembourg, 97
Jardin des plantes, 85
Jeu de Paume (pavillon du), 37

Louvre (musée du), 25, 26, 27, 28, 29
Louvre (palais du), 22, 23, 25
Luxembourg (palais du), 97

Madeleine (église de la), 45
Maine-Montparnasse (tour), 87
Maison de Balzac, 63
Maison de la Radio, 63
Marais (le), 74, 75, 76
Marché aux fleurs, 16
Marché aux timbres, 39
Marigny (avenue de), 39
Mégisserie (quai de la), 51
Monceau (parc), 109
Montmartre (Butte), 102
Montparnasse, 87
Montsouris (parc), 107
Mouffetard (rue), 85
Moulin-Rouge, 103
Museo d'Arte e Storia, 126
Musée d'Art moderne de la ville de Paris, 50
Musée d'Art moderne (national), 48, 49, 53
Musée Balzac, 63
Musée Carnavalet, 78
Musée de Cluny, 93
Musée de l'Homme, 60
Musée du Louvre, 25, 26, 27, 28, 29
Musée de la Marine, 60
Musée de l'Orangerie, 37
Musée d'Orsay, 70
Musée Picasso, 80
Musée Rodin, 68, 69
Musée des Techniques (national), 54

Notre-Dame, 13, 14, 15, 16, 17

Observatoire de Paris, 86
Odéon (l'), 97
Opéra (l'), 43
Orléans (quai d'), 21

Palais-Bourbon, 71
Palais de Justice, 18
Palais-Royal, 46

Panthéon, 96
Parc des Princes, 115
Père-Lachaise (Friedhof), 109
Petit Palais, 38
Pigalle, 100
Pont-Neuf, 9

Quartier latin, 89

Raspail (boulevard), 87
Rivoli (rue), 25, 36
Royale (rue), 36

Sacré-Cœur (basilique du), 101, 102
Saint-Augustin (église), 45
Saint-Denis (basilique), 126
Saint-Eustache (église), 52
Saint-Étienne-du-Mont (égl.), 96
Saint-Germain (faubourg), 66, 73
Saint-Germain-des-Prés (égl.), 73
Saint-Germain-l'Auxerrois (égl.), 31
Saint-Julien-le-Pauvre (égl.), 91
Saint-Louis (île), 21
Saint-Martin (canal), 107
Saint-Merri (église), 54, 55
Saint-Michel (place), 90
Saint-Séverin (église), 94
Saint-Sulpice (église), 72
Sainte-Chapelle (la), 18, 19
Sorbonne. (la), 95
Square Jean XXIII, 17

Tertre (place du), 101
Théâtre national de Chaillot, 61
Théâtre national de l'Odéon, 97
Thermes de Cluny, 92
Tombeau de Napoléon, 67
Tour Eiffel, 59, 63
Tour Saint-Jacques, 51
Trianons (Grand et Petit), 121
Trocadéro (esplanade du), 58
Tuileries (jardin des), 30

Unesco (palais de l'), 68

Vendôme (place), 42, 47
Versailles (château de), 117, 119
Vert-Galant (square du), 21
Victoires (place des), 52
Villette (parc de la), 113
Vincennes (Bois de), 107, 126
Vincennes, 126
Viviani (square), 91
Vosges (place des), 76, 77, 78

Gedruckt in Singapur bei Tien Wah Press, Mai 1986
Dépôt légal: N° 651-5-1986 — Collection 25 – Edition 01
ISBN 2 01 012055 8   **24/1195/7**